11900

MW00720247

Libro de sueños

Biblioteca Borges

Jorge Luis
Borges

Libro de sueños

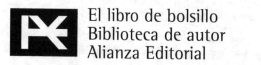

El libro de bolsillo
Biblioteca de autor
Alianza Editorial

Libro de sueños fue publicado originalmente en 1976.

Primera edición: 1999
Primera reimpresión: 2000

Diseño de cubierta: Alianza Editorial
Ilustración: El Bosco, *Tríptico de los Eremitas* (detalle)
Proyecto de colección: Odile Atthalin y Rafael Celda

© María Kodama, 1995
© Alianza Editorial, S.A., Madrid, 1999, 2000
      Calle Juan Ignacio Luca de Tena, 15; 28027 Madrid; teléf. 91 393 88 88
      ISBN: 84-206-3869-2
      Depósito legal: M. 30.565-2000
      Impreso en: Artes Gráficas Palermo, S.L. Camino de Hormigueras, 175
      Printed in Spain

Prólogo

En un ensayo del Espectador (septiembre de 1712), recogido en este volumen, Joseph Addison ha observado que el
alma humana, cuando sueña, desembarazada del cuerpo, es a la vez el teatro, los actores y el auditorio. Podemos
agregar que es también el autor de la fábula que está
viendo. Hay lugares análogos de Petronio y de don Luis de
Góngora.

Una lectura literal de la metáfora de Addison podría
conducirnos a la tesis, peligrosamente atractiva, de que los
sueños constituyen el más antiguo y el no menos complejo
de los géneros literarios. Esa curiosa tesis, que nada nos
cuesta aprobar para la buena ejecución de este prólogo y
para la lectura del texto, podría justificar la composición
de una historia general de los sueños y de su influjo sobre
las letras. Este misceláneo volumen, compilado para el es-
parcimiento del curioso lector, ofrecería algunos materiales. Esa historia hipotética exploraría la evolución y ramifi-
cación de tan antiguo género desde los sueños proféticos
del Oriente hasta los alegóricos y satíricos de la Edad Media y los puros juegos de Carroll y de Franz Kafka. Separa-

ría, desde luego, los sueños inventados por el sueño y los sueños inventados por la vigilia.

Este libro de sueños que los lectores volverán a soñar abarca sueños de la noche –los que yo firmo, por ejemplo–, sueños del día, que son un ejercicio voluntario de nuestra mente, y otros de raigambre perdida: digamos, el Sueño anglosajón de la Cruz.

El sexto libro de la Eneida sigue una tradición de la Odisea y declara que son dos las puertas divinas por las que nos llegan los sueños: la de marfil, que es la de los sueños falaces, y la de cuerno, que es la de los sueños proféticos. Dados los materiales elegidos, diríase que el poeta ha sentido de una manera oscura que los sueños que se anticipan al porvenir son menos preciosos que los falaces, que son una espontánea invención del hombre que duerme.

Hay un tipo de sueño que merece nuestra singular atención. Me refiero a la pesadilla, que lleva en inglés el nombre de nightmare o yegua de la noche, voz que sugirió a Víctor Hugo la metáfora de cheval noir de la nuit, pero que, según los etimólogos, equivale a ficción o fábula de la noche. Alp, su nombre alemán, alude al elfo o íncubo que oprime al soñador y que le impone horrendas imágenes. Ephialtes, que es el término griego, procede de una superstición análoga.

Coleridge dejó escrito que las imágenes de la vigilia inspiran sentimientos, en tanto que en el sueño los sentimientos inspiran las imágenes. (¿Qué sentimiento misterioso y complejo le habrá dictado el Kubla Khan, que fue don de un sueño?) Si un tigre entrara en este cuarto, sentiríamos miedo; si sentimos miedo en el sueño, engendramos un tigre. Ésta sería la razón visionaria de nuestra alarma. He dicho un tigre, pero como el miedo precede a la aparición improvisada para entenderlo, podemos proyectar el horror

*sobre una figura cualquiera, que en la vigilia no es necesa-
riamente horrorosa. Un busto de mármol, un sótano, la
otra cara de una moneda, un espejo. No hay una sola forma en el universo que no pueda contaminarse de horror.
De ahí, tal vez, el peculiar sabor de la pesadilla, que es muy
diversa del espanto y de los espantos que es capaz de infli-
girnos la realidad. Las naciones germánicas parecen haber
sido más sensibles a ese vago acecho del mal que las de li-
naje latino; recordemos las voces intraducibles* eery, weird,
uncanny, unheimlich. *Cada lengua produce lo que precisa.*

*El arte de la noche ha ido penetrando en el arte del día.
La invasión ha durado siglos; el doliente reino de la* Comedia *no es una pesadilla, salvo quizá en el canto cuarto, de
reprimido malestar; es un lugar en el que ocurren hechos
atroces. La lección de la noche no ha sido fácil. Los sueños
de la Escritura no tienen estilo de sueño; son profecías que
manejan de un modo demasiado coherente un mecanismo
de metáforas. Los sueños de Quevedo parecen la obra de un
hombre que no hubiera soñado nunca, como esa gente ci-
meriana mencionada por Plinio. Después vendrán los
otros. El influjo de la noche y del día será recíproco; Beck-
ford y De Quincey, Henry James y Poe, tienen su raíz en la
pesadilla y suelen perturbar nuestras noches. No es impro-
bable que mitologías y religiones tengan un origen análogo.*

*Quiero dejar escrita mi gratitud a Roy Bartholomew, sin
cuyo estudioso fervor me hubiera resultado imposible com-
pilar este libro.*

J. L. B.

Buenos Aires, 27 de octubre de 1975

Historia de Gilgamesh

Gilgamesh, dos tercios de dios, un tercio de hombre, vivía en Erech. Invencible entre los guerreros, gobernaba con mano de hierro: los jóvenes lo servían y no perdonaba doncella. El pueblo rogó la protección divina, y el señor del firmamento ordenó a Aruru (la diosa que había formado al primer hombre con arcilla) que moldeara un ser capaz de enfrentarse a Gilgamesh y tranquilizar a su pueblo.

Aruru formó una criatura a la que llamó Enkidu. Era peludo, tenía largas trenzas, se cubría con pieles, habitaba con las bestias y comía hierba. También se dedicó a destrozar las trampas y salvar a los animales. Cuando Gilgamesh lo supo, ordenó que se le presentara una doncella desnuda. Enkidu la poseyó durante siete días y siete noches y al cabo las gacelas y las fieras lo desconocieron y él notó que sus piernas ya no eran tan ligeras. Se había transformado en hombre.

La muchacha halló que Enkidu se había tornado hermoso. Lo invitó a conocer el templo resplandeciente donde el dios y la diosa están sentados juntos, y a toda Erech, donde Gilgamesh imperaba.

Era la víspera del nuevo año. Gilgamesh se aprestaba a la ceremonia de la hierogamia cuando apareció Enkidu y lo desafió. La muchedumbre, aunque sobrecogida, sintió alivio.

Gilgamesh había soñado que estaba de pie bajo las estrellas cuando caía sobre él desde el firmamento un dardo que no se podía arrancar. Después, un hacha enorme se incrustaba en el centro de la ciudad.

Su madre le dijo que el sueño predecía la llegada de un hombre más fuerte, que después sería su amigo. Lucharon y Gilgamesh fue arrojado al polvo por Enkidu, quien advirtió que el otro no era un tirano jactancioso sino un valiente que no se arredraba. Lo levantó, lo abrazó, y anudaron amistad.

Espíritu aventurero, Gilgamesh propuso a Enkidu cortar uno de los cedros del bosque sagrado.

–No es fácil –le respondió éste–: está guardado por el monstruo Humbaba, de voz de trueno, un solo ojo de mirada que petrifica a quien observa; lanza fuego por las narices y su aliento es una plaga.

–¿Qué dirás a tus hijos cuando te pregunten qué hacías el día en que cayó Gilgamesh?

Enkidu quedó convencido.

Gilgamesh hizo conocer su plan a los ancianos, al dios Sol, a su propia madre, la reina celestial Ninsun, pero todos lo desaprobaron. Ninsun, que sabía de la tozudez de su hijo, rogó para él la protección del dios Sol y la obtuvo. Entonces nombró a Enkidu su guardia de honor.

Gilgamesh y Enkidu llegaron al monte de los cedros. El sueño los venció.

Soñó el primero que una montaña se desplomaba sobre él, cuando un hombre apuesto lo liberó de la carga abrumado y lo ayudó a ponerse en pie.

Dijo Enkidu:

—Está claro que derrotaremos a Humbaba.

Soñó Enkidu que el cielo retumbaba y la tierra se estremecía, que imperaban las tinieblas y caía un rayo y estallaba un incendio y que la muerte llovía del cielo, hasta que el resplandor aminoró, se apagó el fuego y las centellas caídas se tornaban ceniza.

Gilgamesh entendió el mensaje adverso, pero invitó a Enkidu a continuar. Derribó uno de los cedros, y Humbaba se precipitó. Por primera vez, Gilgamesh sintió miedo. Pero ambos amigos redujeron al monstruo y le cortaron la cabeza.

Gilgamesh se limpió el polvo y vistió sus ropas reales. La diosa Istar se le presentó y le pidió que fuera su amante: lo cubriría de riquezas y lo rodearía de deleites. Pero Gilgamesh conocía a la traidora e inflexible Istar, asesina de Tammuz y de innumerables amantes. Despechada, Istar pidió a su padre que lanzara a la tierra el toro celestial, y amenazó con quebrantar las puertas del infierno y dejar que los muertos superaran a los vivos.

—Cuando el toro descienda de los cielos, siete años de miseria y hambre cubrirán la tierra. ¿Lo has previsto?

Istar respondió que sí.

Entonces el toro fue lanzado a la tierra. Enkidu lo doblegó por los cuernos y le clavó la espada en el cuello. Con Gilgamesh le arrancó el corazón y lo ofrendaron al dios Sol.

Desde las murallas de Erech, Istar presenciaba la lucha. Saltó por encima de los baluartes y lanzó anatema contra Gilgamesh. Enkidu arrancó las nalgas del toro y las arrojó al rostro de la diosa.

—¡Me gustaría hacerte lo mismo!

Istar quedó derrotada y el pueblo aclamó a los matadores del toro celestial. Pero no es posible burlarse de los dioses.

Soñó Enkidu que los dioses estaban reunidos en asamblea deliberando sobre quién era más culpable, si él o Gilgamesh, en la muerte de Humbaba y del toro celestial. El más culpable moriría. Como no se ponían de acuerdo, Anu, el padre de los dioses, dijo que Gilgamesh no sólo había muerto a Humbaba sino cortado el cedro. La discusión se hizo violenta y los dioses se insultaron. Enkidu despertó sin conocer el veredicto. Narró su sueño a Gilgamesh y durante el largo insomnio que siguió recordó su despreocupada vida animal. Pero le pareció oír voces que lo consolaban.

Varias noches después volvió a soñar. Un fuerte grito llegaba del cielo a la tierra y una espantosa criatura con cara de león y alas y garras de águila lo atrapaba y se lo llevaba al vacío. Le salieron plumas de los brazos y comenzó a parecerse al ser que lo llevaba. Comprendió que había muerto y que una harpía lo arrastraba por la ruta sin retorno. Llegaron a la mansión de las tinieblas, donde las almas de los grandes de la tierra lo rodearon. Eran desmadejados demonios con alas emplumadas y se alimentaban de desperdicios. La reina del infierno leía en su tableta y sopesaba los antecedentes de los muertos.

Cuando despertó, ambos amigos supieron el fallo de los dioses. Y Gilgamesh cubrió el rostro de su amigo con un velo nupcial y, en el extremo del dolor, pensó: Ahora, ya he visto el rostro de la muerte.

En una isla de los confines de la tierra vivía Utnapishtim, un hombre muy, muy viejo, el único mortal que había logrado escapar a la muerte. Gilgamesh decidió buscarlo y aprender de él el secreto de la vida eterna.

Llegó al confín del mundo, donde una altísima montaña elevaba sus dos picos gemelos al firmamento y hundía sus raíces en los infiernos. Un portón era guardado por terribles y peligrosas criaturas, mitad hombre y mitad escorpión. Avanzó decidido y dijo a los monstruos que iba en busca de Utnapishtim.

–Nadie ha llegado hasta él ni logrado conocer el secreto de la vida eterna. Guardamos el camino del Sol, que ningún mortal puede transitar.

–Yo lo haré –dijo Gilgamesh, y los monstruos, advertidos de que se trataba de un mortal no común, lo dejaron pasar.

Penetró Gilgamesh; el túnel se hacía cada vez más oscuro, hasta que un aire le llegó al rostro y entrevió una luz. Cuando salió a ella, se encontró en un jardín encantado, donde fulgían las piedras preciosas.

La voz del dios Sol llegó hasta él: Se hallaba en el jardín de las delicias y disfrutaba de una gracia que los dioses no habían otorgado a ningún mortal. «No esperes alcanzar más.»

Pero Gilgamesh avanzó más allá del paraíso, hasta que, rendido, llegó a una posada. La posadera Siduri lo confundió con un vagabundo, mas el viajero se dio a conocer y contó su propósito.

–Gilgamesh: nunca encontrarás lo que buscas. Los dioses crearon a los hombres y les dieron por destino la muerte, ellos se reservaron la vida. Sabrás que Utnapishtim vive en una isla lejana, más allá del océano de la muerte. Mas he aquí que Urshanabi, su botero, se encuentra en la posada.

Tanto insistió Gilgamesh, que Urshanabi accedió a transportarlo, no sin advertirle que por ningún motivo tocase las aguas del océano.

Se munieron de ciento veinte pértigas, pero fue necesario que Gilgamesh utilizara su camisa como vela.

Cuando llegaron, Utnapishtim le dijo:

–¡Ay, joven, nada hay eterno en la tierra! La mariposa sólo vive un día. Todo tiene su tiempo y época. Mas he aquí mi secreto, sólo conocido de los dioses.

Y le contó la historia del diluvio. El benévolo Ea lo había prevenido, y Utnapishtim construyó un arca donde se embarcó con su familia y sus animales. En medio de la tempestad navegaron siete días y el arca encalló en la cima de una montaña. Soltó una paloma, para ver si las aguas habían descendido, pero la paloma regresó por no hallar dónde posarse. Lo mismo ocurrió con una golondrina. Pero el cuervo no regresó. Desembarcaron e hicieron ofrendas a los dioses, pero el dios de los vientos los hizo reembarcar y los condujo hasta donde ahora estaban, para que morasen eternamente.

Gilgamesh comprendió que el anciano no tenía fórmula alguna que darle. Era inmortal, pero sólo por favor único de los dioses. Lo que Gilgamesh buscaba no lo hallaría de este lado de la tumba.

Antes de despedirse, el viejo le dijo al héroe dónde podía hallar una estrella de mar con espinas de rosa. ¡La planta otorgaba a quien la saboreara una nueva juventud! Gilgamesh la obtuvo del fondo del océano, pero cuando descansaba de su esfuerzo, una serpiente se la robó, la comió, se desprendió de su vieja piel y recobró la juventud.

Gilgamesh advirtió que su destino no difería del destino del resto de la humanidad, y regresó a Erech.

Cuento babilónico del segundo milenio a.C.

Sueño infinito de Pao Yu

Pao Yu soñó que estaba en un jardín idéntico al de su casa. «¿Será posible –dijo– que haya un jardín idéntico al mío?» Se le acercaron unas doncellas. Pao Yu se dijo atónito: «¿Alguien tendrá doncellas iguales a Hsi-Yen, a Pin-Erh y a todas las de casa?». Una de las doncellas exclamó: «Ahí está Pao Yu. ¿Cómo habrá llegado hasta aquí?». Pao Yu pensó que lo habían reconocido. Se adelantó y les dijo: «Estaba caminando; por casualidad llegué hasta aquí. Caminemos un poco». Las doncellas se rieron. «¡Qué desatino! Te confundimos con Pao Yu, nuestro amo, pero no eres tan gallardo como él.» Eran doncellas de otro Pao Yu. «Queridas hermanas» –les dijo–, yo soy Pao Yu. ¿Quién es vuestro amo?» «Es Pao Yu –contestaron–. Sus padres le dieron ese nombre, compuesto por los dos caracteres Pao (precioso) y Yu (jade), para que su vida fuera larga y feliz. ¿Quién eres tú para usurpar su nombre?» Y se fueron, riéndose.

Pao Yu quedó abatido. «Nunca me han tratado tan mal. ¿Por qué me aborrecerán estas doncellas? ¿Habrá, de veras, otro Pao Yu? Tengo que averiguarlo.» Trabajado por estos pensamientos, llegó a un patio que le resultó familiar. Subió la escalera y entró en su cuarto. Vio a un joven acostado; al lado de la cama reían y hacían labores unas muchachas. El joven suspiraba. Una de las doncellas le dijo: «¿Qué sueñas, Pao Yu? ¿Estás afligido?». «Tuve un sueño muy raro. Soñé que estaba en un jardín y que ustedes no me reconocían y me dejaban solo. Las seguí hasta la casa y me encontré con otro Pao Yu durmiendo en mi cama.» Al oír el diálogo Pao Yu no pudo contenerse y exclamó: «Vine en busca de un Pao Yu; eres tú». El joven se levantó y lo abrazó, gritando: «No era un sueño: tú eres Pao Yu». Una voz llamó desde el jardín: «¡Pao Yu!». Los dos Pao Yu temblaron. El soñado se fue; el otro decía: «¡Vuelve pronto, Pao Yu!». Pao Yu se despertó. Su doncella Hsi-Yen le preguntó: «¿Qué soñabas, Pao Yu? ¿Estás afligido?». «Tuve un sueño muy raro. Soñé que estaba en un jardín y que ustedes no me reconocían...»

Tsao Hsue-king, *Sueño del aposento rojo (c.* 1754).

Dios dirige los destinos de José, hijo de Jacob, y, por su intermedio, los de Israel

Israel amaba a José más que todos sus otros hijos por ser el hijo de la ancianidad, y le hizo una túnica talar. Viendo sus hermanos que el padre lo amaba más que a todos, llegaron a odiarlo; y no podían hablarle amistosamente. Tuvo José un sueño que contó a sus hermanos y acrecentó el odio de éstos. Les dijo: «Oíd, si queréis, el sueño que he tenido. Estábamos nosotros en el campo atando haces cuando vi que mi haz se levantaba y mantenía en pie, y los vuestros lo rodeaban y se inclinaban ante el mío, adorándolo». Sus hermanos le dijeron: «¿Es que vas a reinar sobre nosotros y dominarnos?». Y lo odiaron más. Tuvo José otro sueño, que contó a sus hermanos: «Mirad, he tenido otro sueño y he visto que el sol, la luna y once estrellas me adoraban». Contó el sueño a su padre y éste lo increpó: «¿Qué sueño es ese que has soñado? ¿Acaso vamos a postrarnos ante ti, yo, tu madre y tus hermanos?». Sus hermanos lo envidiaban, pero al padre le daba que pensar.

Génesis, 37, 3-11.

José, el jefe de los coperos y el jefe de los reposteros del faraón

El jefe de los coperos y el jefe de los reposteros del faraón estaban presos. Tuvieron un sueño en la misma noche, cada uno el suyo y cada sueño de diverso significado. Cuando por la mañana José los vio tristes, dijo a sus compañeros de prisión: «¿Por qué tenéis hoy mala cara?». Le contestaron: «Hemos tenido un sueño y no hay quien lo interprete». José les dijo: «¿No es de Dios la interpretación de los sueños? Contadme, si queréis». El jefe de los coperos contó: «En mi sueño tenía ante mí una vid con tres sarmientos que estaban como echando brotes que subían y florecían, y maduraban sus racimos. Tenía en mis manos la copa del faraón; tomé los racimos, los exprimí en la copa y la puse en sus manos». José le dijo: «Los tres sarmientos son tres días; dentro de tres días el faraón exaltará tu cabeza y te restablecerá en tu cargo. A ver si te acuerdas de mí cuando te vaya bien y me haces la gracia de recordarme al faraón para que me saque de esta cárcel; pues he sido sacado furtivamente de la tierra de los hebreos, y aquí nada he hecho para que me metieran en prisión». Viendo el jefe de los reposteros cuán favorablemente había interpretado José el sueño, le dijo: «Pues he aquí el mío: llevaba sobre mi cabeza tres canastillos de pan blanco. En el canastillo de encima había toda clase de pastas de las que los reposteros hacen para el faraón, y las aves se las comían». Contestó José: «Los tres canastillos son tres días, dentro de tres días te quitará el faraón la cabeza y te colgará de un árbol y las aves comerán tus carnes». Al día tercero, que era el del natalicio del faraón, éste dio un banquete, restableció en su cargo al jefe de los coperos e hizo colgar al de los reposteros. Pero el jefe de los coperos no se acordó de José.

Génesis, 40, 5-23.

José interpreta los sueños del faraón

Al cabo de dos años soñó el faraón que estaba a orillas del río y que de él subían siete vacas hermosas y muy gordas que se ponían a pacer la verdura de la orilla; mas también subieron siete vacas feas y muy flacas que se comieron a las otras. El faraón despertó y volvió a dormirse. Ahora soñó que veía siete espigas que salían de una misma caña de trigo, muy granadas y hermosas, mas detrás brotaron siete espigas flacas y quemadas por el viento solano que devoraron a las granadas y hermosas. A la mañana, perturbado su espíritu, el faraón reunió a sus servidores y les relató lo soñado, mas nadie sabía interpretar. El jefe de los coperos recordó su falta y contó al rey del joven hebreo preso, capaz de correcta interpretación. El faraón mandó llamar a José, quien fue apresuradamente sacado de la prisión. Se cortó el pelo, mudó de ropas y fue donde el rey. «He oído hablar de ti, que cuando oyes un sueño lo interpretas.» Respondió José: «No yo; Dios será quien dé una interpretación favorable al faraón». Éste le relató sus sueños. «El sueño del faraón es uno solo», dijo José. «Dios ha dado a conocer al faraón lo que va a hacer.

Las siete vacas hermosas son siete años y las siete espigas hermosas son siete años. Las siete vacas flacas son siete años y las siete espigas secas son siete años. Vendrán siete años de gran abundancia en toda la tierra de Egipto y detrás de ellos vendrán siete años de escasez. La reiteración señala la voluntad de Dios y su decisión de apresurarse.» Y aconsejó al faraón poner al frente del gobierno un hombre sabio y guardar el junto de los siete años de abundancia para alivio de los siete años de hambre. El faraón halló que la interpretación era justa; nombró virrey a José, le dio su anillo y vestiduras blancas de lino y un collar de oro. Lo llamó *Zafnat Paneaj* y le dio por mujer a Asenet, hija de Putifar, sacerdote de On.

Génesis, 41, 1-45.

Dios se comunica por sueños con sus siervos

«Oíd mis palabras: si uno de vosotros profetizara, yo me revelaría en él en visión, y le hablaría en sueños.» (Números, 12, 6.)

Cuando llegó Gedeón, un hombre contaba a un compañero su sueño: «Rodaba por el campamento de Madián un pan de cebada, chocó contra una tienda y la derribó por tierra». El compañero le dijo: «Eso no es sino la espada de Gedeón. Dios ha puesto en sus manos a Madián y a todo el campamento». (Jueces, 7, 13-14.)

Judas exhortaba a los suyos a no temer el ataque de los paganos; sobre todo, los alegró con la relación de un sueño digno de toda fe: Onías, que había sido sumo sacerdote, hombre bondadoso, venerable, de suaves maneras y lenguaje elegante, que desde la niñez se había ejercitado en toda virtud, tendía sus manos orando por toda la comunidad judía: se le apareció otro varón, de blancos cabellos y gloriosa dignidad. Onías dijo: «Éste es el amador de sus hermanos, que mucho ora por el pueblo y la ciudad santa: Jeremías, profeta de Dios». Jeremías tendía con su diestra a Judas una espada de oro y le decía: «Toma esta espada santa, don de Dios, con el cual triunfarás de los enemigos». (2 Macabeos, 15, 6-16.)

Daniel y los sueños de Nabucodonosor

La visión de la estatua

En el año doce de su reinado Nabucodonosor tuvo un sueño que lo agitó, pero al despertar no podía recordarlo. Llamó a magos, astrólogos, encantadores y caldeos y les exigió una explicación. Adujeron los caldeos que no podían explicar lo que no conocían. Nabucodonosor les juró que si no le mostraban el sueño y le daban una interpretación, serían descuartizados y sus casas convertidas en muladares, pero que si lo hacían recibirían mercedes y mucha honra. No pudieron hacerlo y el rey decretó la muerte de todos los sabios de Babilonia. La sentencia alcanzaba a Daniel y sus compañeros. Daniel obtuvo un plazo. Fue a su casa e instó a sus compañeros a pedir al Dios de los cielos la revelación del misterio. El misterio fue revelado a Daniel en una visión de la noche. Pudo llegar hasta Nabucodonosor (quien lo llamaba Baltasar) y le dijo: «Lo que pide el rey es un misterio que ni sabios, ni astrólogos, ni magos ni adivinos son capaces de descubrir; pero hay en los cielos un Dios que revela lo secreto y que ha dado a conocer a Nabucodonosor lo que sucederá con el correr de los tiempos. He aquí tu sueño y la visión que has tenido en tu lecho: Tú, ¡oh rey!, mirabas y estabas viendo una estatua, muy grande y de brillo extraordinario. Estaba de pie ante ti y su aspecto era terrible. La cabeza era de oro puro, el pecho y los brazos, de plata; el vientre y las caderas, de bronce; las piernas, de hierro, y los pies, parte de hierro y parte de barro. Tú observabas, cuando una piedra (no lanzada por mano) hirió a la estatua en los pies y la destrozó. El hierro, el barro, el bronce, la plata y el oro se desmenuzaron y fueron como tamo de las eras en verano; se los llevó el viento y no quedó traza de ellos, mientras la piedra se transformó en montaña que llenó toda la tierra. Hasta aquí el sueño; oíd su interpretación. Tú, ¡oh rey!, eres rey de reyes porque el Dios de los cielos te ha dado el imperio, el poder, la fuerza y la gloria; Él ha puesto en tus manos a los hijos de los hombres dondequiera que habitasen; a las bestias de los campos, a las aves del cielo, y te ha dado el dominio de todo; tú eres la cabeza de oro. Después de ti surgirá un reino menor que el tuyo, y luego un tercero, que será de bronce y dominará sobre la tierra. Habrá un cuarto reino, fuerte como el hierro y que todo lo destrozará. Lo que viste de los pies y los dedos, parte de barro de alfarero, parte de hierro, es que este reino será dividido, pero tendrá en sí algo de la fuerza del hierro que viste mezclado con el barro. Se mezclarán alianzas humanas, pero no se pegarán, como no se pegan entre sí el barro y el hierro. En tiempo de esos reyes, el Dios de los cielos suscitará un reino que no será destruido jamás, que permanecerá por siempre y desmenuzará a los otros reinos. Eso es lo que significa la piedra que viste desprenderse del monte sin ayuda de mano, y que desmenuzó el hierro, el bronce, el barro, la plata y el oro.

Dios ha dado a conocer al rey lo que sucederá; el sueño es verdadero, y cierta su interpretación».

Nabucodonosor honró a Daniel y reconoció al verdadero Dios entre los dioses y Señor de los reyes, que revela los secretos.

Daniel, 2, 1-47.

La visión del árbol

Yo, Nabucodonosor, vivía feliz en mi palacio, hasta que tuve un sueño que me espantó. Los sabios de Babilonia no supieron interpretarlo, hice venir ante mí a Daniel, llamado Baltasar por el nombre de mi dios, y jefe de los magos. Le expliqué las visiones de mi espíritu mientras estaba en el lecho: Miraba yo, y vi en medio de la tierra un árbol alto sobremanera, muy fuerte y cuya cima tocaba en los cielos, visible desde todos los confines. Era de hermosa copa y abundantes frutos, y había en él mantenimiento para todos. Entonces bajó del cielo uno de esos que velan y son santos, quien me gritó: «Abatid el árbol y cortad sus ramas, sacudid su follaje y diseminad sus frutos, que huyan de debajo de él las bestias y las aves del cielo de sus ramas; mas dejad en la tierra el tronco con sus raíces y atadlo con cadenas de hierro y bronce, y quede entre las hierbas del campo, que lo empape el rocío y tenga por parte suya, como las bestias, las hierbas de la tierra. Quítesele su corazón de hombre y désele uno de bestia, y pasen sobre él siete tiempos. Esta sentencia es decreto de los vígiles y resolución de los santos, para que sepan los vivientes que el Altísimo es dueño del reino de los hombres y lo da a quien le place, y puede poner sobre él al más bajo de los hombres».

Daniel quedó estupefacto, turbados sus pensamientos. Dijo: «Mi señor, que el sueño sea para tus enemigos, y la interpretación para tus adversarios. El árbol que has visto eres tú, ¡oh rey!, que has venido a ser grande y fuerte, y cuya grandeza se ha acrecentado y llegado hasta los cielos, y cuya dominación se extiende hasta los confines de la tierra. Mas te arrojarán de en medio de los hombres y morarás entre las bestias del campo, y te darán de comer hierba como a los bueyes, te empapará el rocío del cielo y pasarán sobre ti siete tiempos hasta que sepas que el Altísimo es el dueño del reino de los hombres y se lo da a quien le place. Lo de dejar el tronco donde se hallan las raíces significa que tu reino te quedará cuando reconozcas que el cielo es quien domina. Por tanto, ¡oh rey!, sírvete aceptar mi consejo: redime tus pecados con justicia y tus inquietudes con misericordia a los pobres, y quizá se prolongará tu dicha».

Todo esto tuvo cumplimiento en Nabucodonosor, rey.

Daniel, 4, 1-25.

El sueño de Mardoqueo

El año segundo del reinado del gran Artajerjes, el primero de Nisán, tuvo un sueño Mardoqueo, hijo de Jair, hijo de Semeí, hijo de Quis, de la tribu de Benjamín, judío que moraba en la ciudad de Susa, varón ilustre que servía en la corte del rey. Era de los cautivos que Nabucodonosor, rey de Babilonia, había llevado en cautiverio de Jerusalén con Jeconías, rey de Judá. He aquí su sueño: soñó que oía voces y tumultos, truenos, terremotos y gran alboroto en la tierra, cuando dos grandes dragones, prestos a acometerse uno al otro, dieron fuertes rugidos, y a su voz se prepararon para la guerra todas las naciones de la tierra, a fin de combatir contra la nación de los justos. Fue aquel día, día de tinieblas, oscuridad, tribulación y angustia, de oprobio y turbación grande sobre la tierra. Toda la nación justa se turbó ante el temor de sus males y se disponía a perecer, pero clamaron a Dios; y a su clamor una fuentecilla se hizo río caudaloso de muchas aguas, y apareció una lumbrerita que se hizo sol, y fueron ensalzados los humildes y devoraron a los gloriosos. Mardoqueo, luego de haber visto lo que

Dios se proponía ejecutar, se levantó y lo guardó en su corazón.

Ester, 1, 1-11.

Después pudo saber Mardoqueo por los hechos que verdaderamente el sueño le había venido del Señor: el río era Ester, los dos dragones, Mardoqueo y Amán; las naciones, las que se juntaron para acabar con el nombre judío; los que clamaron a Dios y fueron salvos, el pueblo de Israel. (Ester, 10, 5-9.)

Sueño de Abimelec

Partióse Abraham para la tierra del Negueb y moró en Guerar y decía de su mujer, Sara: «Es mi hermana». Abimelec, rey de Guerar, mandó tomar a Sara; pero vino Dios en sueños durante la noche y le dijo: «Mira que vas a morir por la mujer que has tomado, pues tiene marido». Abimelec, que no se había acercado a ella, respondió: «Señor, ¿matarías así al inocente? ¿No me ha dicho él: es mi hermana? Con corazón íntegro y pureza de manos hice yo esto». «Lo sé, y por eso no he consentido que pecaras contra mí y la tocaras. Devuélvela al marido, pues él es profeta y rogará por ti y vivirás. Si no lo haces, ten por cierto que morirás con todos los tuyos.» Por la mañana Abimelec contó su sueño a sus servidores y fueron presa de gran terror. Tomó ovejas y bueyes, siervos y siervas, y se los dio a Abraham, le devolvió a Sara y le dijo: «Tienes la tierra a tu disposición; mora donde bien te plazca».

Génesis, 20, 1-15.

Sueño de Jacob

Camino de Berseba a Jarán, tuvo Jacob un sueño en el que veía una escala que, apoyándose en la tierra, tocaba con la cabeza en los cielos, y por ella subían y bajaban los ángeles de Dios. «Yo soy Yahvé, el Dios de Abraham tu padre y el Dios de Isaac. La tierra sobre la cual estás acostado te la daré a ti y a tu descendencia. Será ésta como el polvo de la tierra, y te ensancharás a oriente y occidente, a norte y a mediodía, y en ti y en tu descendencia serán bendecidas todas las naciones de la tierra. Yo estoy contigo, y te bendeciré dondequiera que vayas, y volveré a traerte a esta tierra, y no te abandonaré hasta cumplir lo que te digo.» Despertó Jacob y se dijo: «Ciertamente está Yahvé en este lugar, y yo no lo sabía». Y atemorizado, añadió: «¡Qué terible es este lugar! No es sino la casa de Dios, y la puerta de los cielos».

Génesis, 28, 10-17.

Sueño de Salomón

Salomón ofreció mil holocaustos en el altar de Gabaón. Se le apareció Yahvé en sueños y le dijo: «Pídeme lo que quieras». Salomón respondió: «¡Oh, Yahvé! Me has hecho reinar en el lugar de David, mi padre, no siendo yo tu siervo más que un mocito, que no sabe por dónde ha de entrar y por dónde ha de salir; da a tu siervo un corazón prudente para juzgar a tu pueblo innumerable y poder discernir entre lo bueno y lo malo». Agradó al Señor la petición de Salomón: «Por haberme pedido esto y no larga vida para ti, ni riquezas, ni la vida de tus enemigos, sino entendimiento para hacer justicia, te concedo lo que me has pedido; y te doy un corazón sabio e inteligente como no ha habido otro ni lo habrá después. Y añado lo que no has pedido: riquezas y gloria tales, que no habrá en tus días rey alguno como tú; y si andas por mis caminos como lo hizo David tu padre, prolongaré tus días». Despertóse Salomón, regresó a Jerusalén, se presentó ante el arca de la alianza de Yahvé, ofreció holocaustos y sacrificios eucarísticos, y dio un banquete a todos sus servidores.

1 Reyes, 3, 4-15.

Vaciedad de los sueños

Vanas y engañosas son las esperanzas del insensato, y los sueños exaltan a los necios. Como quien quiere agarrar la sombra o perseguir el viento, así es el que se apoya en los sueños. El que sueña es como quien se pone frente enfrente de sí: frente a su rostro tiene la imagen de un espejo. ¿De fuente impura, puede salir cosa pura? Y de la mentira, ¿puede salir verdad? Cosa vana son la adivinación, los agüeros y los sueños; lo que esperas, eso es lo que sueñas. A no ser que los mande el Altísimo a visitarte, no hagas caso de los sueños.

Eclesiástico, 34, 1-6.

De la parquedad

No seas precipitado en tus palabras y que tu corazón no se apresure a proferir una palabra delante de Dios, porque en los cielos está Dios y tú, en la tierra. De la muchedumbre de las ocupaciones nacen los sueños y de la muchedumbre de las palabras nacen los despropósitos.

Eclesiastés, 5, 1-2.

Visiones proféticas

Las cuatro bestias

En el año primero de Baltasar, rey de Babilonia, tuvo Daniel un sueño, y vio visiones de su espíritu mientras estaba en su lecho. En seguida escribió el sueño.

Vi irrumpir en el mar Grande los cuatro vientos del cielo y salir del mar cuatro bestias diferentes. La primera era como león con alas de águila. Le fueron arrancadas las alas y se puso sobre los pies a manera de hombre y le fue dado corazón de hombre. La segunda bestia, como un oso, tenía entre los dientes tres costillas; le dijeron: «levántate y come mucha carne». La tercera, semejante a un leopardo, con cuatro alas de pájaro sobre el dorso, y cuatro cabezas; le fue dado dominio. La cuarta bestia era sobremanera fuerte, terrible, espantosa, con grandes dientes de hierro: devoraba y trituraba, y las sobras las machacaba con los pies. Era muy diferente de las anteriores y tenía diez cuernos, de entre los cuales salió otro pequeño, y le fueron arrancados tres de los primeros, y el nuevo tenía

ojos humanos y boca que hablaba con gran arrogancia.

El anciano y el juicio

Entonces fueron puestos tronos y se sentó un anciano de
muchos días con vestimenta y cabellos como la nieve. Su
trono llameaba y las ruedas eran de fuego ardiente. Un
río de fuego salía de delante de él, y lo servían millares de
millares y asistían millones de millones; el tribunal tomó
asiento, y fueron abiertos los libros. Yo seguía mirando a
la cuarta bestia, por la gran arrogancia con que seguía hablando su cuerno. La mataron y arrojaron su cadáver al
fuego; a las otras tres se les quitó dominio, pero se les pro-
longó la vida por cierto tiempo.

El hijo del hombre

Seguí mirando en mi visión nocturna y vi venir sobre las
nubes a uno como hijo de hombre, y se llegó hasta el anciano y fue presentado. Le fue dado el señorío, la gloria y
el imperio, y todos los pueblos, lenguas y naciones le sir-
vieron, y su dominio es dominio eterno, que no acabará,
y su imperio es imperio que nunca desaparecerá.

Me turbé sobremanera; las visiones me desasosegaron.
Fui hasta uno de los asistentes y le rogué que me dijera la
verdad acerca de todo esto.«Las cuatro bestias son cuatro
reyes que se alzarán en la tierra. Después recibirán el reino los santos del Altísimo y lo retendrán por los siglos de
los siglos.» Sentí curiosidad por saber más de la cuarta
bestia. El cuerno hablador y arrogante hacía guerra a los

santos y los vencía, hasta que el anciano hacía justicia y llegó el tiempo en que los santos se apoderaron del cielo.

El cuarto reino

Díjome así: «La cuarta bestia es un cuarto reino sobre la tierra que se distinguirá de los otros y triturará la tierra. Los diez cuernos son diez reyes que en aquel reino se alzarán, y el último y nuevo diferirá de los primeros y derribará a tres. Hablará arrogantes palabras contra el Altísimo y quebrantará a sus santos y pretenderá mudar los tiempos y la Ley. Aquéllos serán entregados a su poder por un tiempo, tiempos y medio tiempo. Pero el tribunal le arrebatará el dominio y lo destruirá».

El carnero y el macho cabrío

En el año tercero del reino de Baltasar, tuve una visión y me pareció estar en Susa, capital de la provincia de Elam, cerca del río Ulai. Un carnero estaba delante del río y tenía dos cuernos muy altos, uno más que el otro. Arremetía hacia el poniente, el norte y el mediodía sin que ninguna bestia pudiese resistírsele ni librarse de él. Pero vino un macho cabrío sin tocar la tierra con los pies y un cuerno entre los ojos, y destruyó al carnero y se engrandeció, pero se le rompió el gran cuerno y en su lugar le salieron cuatro, uno hacia cada viento del cielo. De uno de los cuatro salió un cuerno pequeño que creció hacia el mediodía y el oriente y hacia la tierra gloriosa, y alcanzó el ejército de los cielos y echó a tierra las estrellas y las holló. Se irguió contra el príncipe del ejército y le quitó el sacrificio perpetuo y destruyó su santuario. Impíamente convocó ejércitos contra el sacrificio perpetuo, echó por tierra la verdad e hizo cuanto quiso. En esto un santo preguntó a otro: «¿Hasta cuándo va a durar esta visión de la supresión del sacrificio perpetuo, de la asoladora prevaricación y de la profanación del santuario?». Le fue respondido: «Hasta dos mil trescientas tardes y mañanas; después será purificado el gran santuario».

Entonces apareció ante mí uno como hombre en medio del Ulai que decía: «Gabriel, explícale a éste la visión». Me dijo Gabriel: «Atiende, hijo del hombre, que la visión es del fin de los tiempos». Caí sobre mi rostro, pero él me levantó y agregó: «Voy a enseñarte lo que sucederá al fin del tiempo de la ira.

La explicación

»El carnero de dos cuernos son los reyes de Media y Persia; el macho cabrío es el rey de Grecia, y el gran cuerno de entre sus ojos es el rey primero; los otros cuatro, cuatro reyes que se alzarán en la nación, pero de menos fuerza. Al final de cuyo dominio, cuando se completen las prevaricaciones, levantaráse un rey imprudente e intrigante; crecerá su poder, no por su propia fuerza, producirá grandes ruinas y tendrá éxitos: destruirá a los poderosos y al pueblo de los santos. Se llenará de arrogancia y hará perecer a muchos que vivían apaciblemente y se enfrentará al príncipe de los príncipes; pero será destruido sin que intervenga mano alguna. La visión de las tardes y mañanas es verdadera: guárdala en tu corazón, porque es para mucho tiempo».

Quedé quebrantado y asombrado por la visión, pero nadie la supo.

Las setenta semanas

El año primero de Darío, hijo de Asuero, de la nación de los medos, que vino a ser rey de los caldeos, yo estudiaba en los libros el número de los setenta años que había de cumplirse sobre las ruinas de Jerusalén, conforme lo dicho por Yahvé al profeta Jeremías. Volví mi rostro al Señor, buscándolo en oración y plegaria, ayuno, saco y cenizas, y oré a Yahvé e hice esta confesión:

Oración y confesión de Daniel

Señor que guardas la alianza con quienes te aman y cumplen tus mandamientos: hemos pecado, obrado iniquidad, perversidad y rebeldía, nos hemos apartado de tus mandamientos y juicios, hemos desoído a tus siervos los profetas. Tuya es la justicia y nuestra la vergüenza, hombres de Judá y moradores de Jerusalén, todos los de Israel, cercanos o dispersos. Nuestra vergüenza es con nuestros reyes, príncipes y padres, porque desobedecimos y nos rebelamos. Vino sobre nosotros la maldición y el juramento escrito en la Ley de Moisés; justo es Yahvé. Señor que nos sacaste de la tierra de Egipto, aparta tu ira de tu ciudad de Jerusalén, haz brillar tu faz sobre tu santuario devastado, mira nuestras ruinas. Por tu misericordia, Señor.

Gabriel trae la respuesta

Gabriel se me apareció como a la hora del sacrificio de la tarde. Me dijo: «Setenta semanas están prefijadas sobre tu pueblo y tu ciudad santa para redimir de la prevaricación, cancelar el pecado, expiar la iniquidad, traer la justicia eterna, sellar la visión y la profecía, ungir el Santo de los santos. Desde el oráculo sobre el retorno y edificación de Jerusalén hasta un ungido príncipe habrá siete semanas, y en sesenta y dos semanas se reedificarán plaza y foso en la angustia de los tiempos. Después será muerto un ungido, sin que tenga culpa; destruirá la ciudad y el santuario el pueblo de un príncipe que ha de venir, cuyo fin será en una inundación; hasta el fin de la guerra están decretadas desolaciones. Afianzará la alianza para muchos durante una semana, y a la mitad de la semana hará cesar el sacrificio y la oblación, y habrá en el santuario una abominación desoladora, hasta que la ruina decretada venga sobre el devastador».

Daniel, 7-9.

Los comentaristas bíblicos sostienen que las cuatro fieras se corresponden con las diversas partes de la estatua vista por Nabucodonosor; que la cuarta es Siria y, el cuerno blasfemador, Antíoco IV, gran perseguidor de los judíos. Los diez reyes son Alejandro Magno, Seleuco I Nicátor, Antíoco Soter, Antíoco II Calínico, Seleuco III, Cerauno, Antíoco III el Grande, Seleuco IV Filopátor, Heliodoro y Demetrio I Sóter. Los desaparecidos, Seleuco IV (asesinado por Heliodoro), Heliodoro y Demetrio I. El anciano es Dios, dispuesto a juzgar a los imperios orientales. El personaje semejante a un hijo de hombre es el Mesías: Jesucristo recuerda el pasaje en Mateo, 26, 64, ante el sumo sacerdote. Después se alude a la lucha de Alejandro con los persas, a la formación de su imperio y a la desmembración del mismo, tras la muerte del hijo de Filipo de Macedonia. La profecía de Daniel –las setenta semanas– se basa en la de Jeremías –setenta años– y se interpreta como «setenta semanas de años».

Sueño doble

Había en Damasco un discípulo de nombre Ananías, a quien el Señor dijo en visión: «Ve y busca en casa de Judas a Saulo de Tarso, que está orando». Contestó Ananías: «Señor, he oído que este hombre ha hecho muchos males a tus santos en Jerusalén, y que viene con poder para prender a todos cuantos te invocan». Dijo el Señor: «Ve, porque éste es para mí vaso de elección, para que lleve mi nombre ante las naciones y los reyes y los hijos de Israel. Yo le mostraré cuánto habrá de padecer por mi nombre». En tanto, vio Saulo en visión que un hombre llamado Ananías llegaba y le imponía las manos para que recobrase la vista. Entró en esto Ananías y le impuso las manos y le dijo: «Hermano Saulo, Jesús, que se te apareció en el camino que traías, me ha enviado para que recobres la vista y seas lleno del Espíritu Santo». Saulo recobró la vista y fue bautizado.

Hechos de los apóstoles, 9, 10-18.

El ángel del Señor en los sueños de José

Habiéndose desposado María con José, antes de que conviviesen se halló María haber concebido del Espíritu Santo. José, siendo justo, no quiso denunciarla y resolvió repudiarla en secreto. Reflexionaba sobre esto, cuando se le apareció en sueños un ángel del Señor y le dijo: «José, hijo de David, no temas recibir en tu casa a María, tu esposa, pues lo concebido en ella es obra del Espíritu Santo. Dará a luz un hijo, a quien pondrás por nombre Jesús, porque salvará a su pueblo de sus pecados». Todo esto sucedió para que se cumpliese lo que el Señor había anunciado por el profeta[1], que dice: «He aquí que una virgen concebirá y parirá un hijo, y se le pondrá por nombre Emmanuel, que quiere decir "Dios con nosotros"». Al despertar José de su sueño hizo como el ángel del Señor le había mandado, y recibió en su casa a su esposa. No la conoció hasta que dio a luz un hijo, y le puso por nombre Jesús.

1. Isaías, 7, 14.

Partido que hubieron (los magos), el ángel del Señor se apareció en sueños a José y le dijo: «Levántate, toma al niño y a su madre y huye a Egipto, y estáte allí hasta que yo te avise, porque Herodes va a buscar al niño para matarlo». Levantándose de noche, tomó al niño y a la madre y se retiró hacia Egipto.

Muerto ya Herodes, el ángel del Señor se apareció en sueños a José en Egipto y le dijo: «Levántate, toma al niño y a su madre y vete a la tierra de Israel, porque son muertos los que atentaban contra la vida del niño». Levantándose, tomó al niño y a la madre y partió para la tierra de Israel.

Evangelio de San Mateo

Historia de Kessi

El padre había muerto; Kessi vivía con su madre, y era el mejor cazador. Cada día cobraba piezas para la mesa materna y alimentaba a los dioses con sus ofrendas. Kessi se enamoró de Shintalimeni, la menor de siete hermanas. Olvidó la caza y se entregó al ocio y al amor. La madre lo regañó: ¡El mejor cazador, cazado! El hijo tomó su venablo, llamó a la jauría, y partió. Pero el hombre que olvida a los dioses es olvidado por los dioses.

Las bestias se habían escondido; vagó durante tres meses. Exhausto, se durmió al pie de un árbol. Allí habitaban los duendes del bosque, que decidieron comerse al joven. Pero ésa era también la tierra donde habitaban los espíritus de los muertos, y el padre de Kessi ideó una estratagema. «¡Gnomos! ¿Para qué vais a matarlo? ¡Robadle la capa, para que tirite y se vaya!» Los gnomos son rateros y Kessi despertó con el viento que le silbaba en los oídos y le flagelaba la espalda. Se dirigió cuesta abajo, hacia una luz que parpadeaba solitaria en medio del valle.

Tuvo siete sueños: Se vio ante una enorme puerta, a la que en vano trató de abrir. Se vio en los fondos de una

46

casa, donde trabajaban las criadas y un ave enorme arrebató a una de ellas. Se vio en una vasta pradera que un grupo de hombres recorría plácidamente: brilló el relámpago y una centella cayó sobre ellos. Cambió la escena, y los antepasados de Kessi estaban reunidos en torno del fuego y lo avivaban. Se vio con las manos atadas y los pies sujetos con cadenas como collares de mujer. Estaba listo para salir a cazar, y vio a un lado de la puerta un dragón y al otro, horrendas harpías.

Contó a su madre lo ocurrido. La madre lo animó («El junco se dobla bajo la lluvia y el viento, pero vuelve a erguirse») y le entregó una madeja de lana azul, color que protege de hechizos y daños.

Kessi partió hacia el monte.

Los dioses seguían ofendidos: no había bestias que cazar. Kessi vagó sin rumbo hasta agotarse. Se halló frente a una gran puerta que guardaban un dragón y horrendas harpías. No pudo abrir la puerta ni nadie respondió a sus llamados y decidió esperar. El sueño se apoderó de él. Cuando despertó, de anochecida, vio una luz titilante que se acercaba y agigantaba y terminaba por cegarlo: era un hombre alto y radiante. Le dijo que era la puerta del ocaso y que detrás se hallaba el reino de los muertos. El mortal que la atraviese no podrá regresar. «¿Cómo puedes, entonces, pasar por ella?» «Yo soy el Sol», respondió el dios, y entró.

Del otro lado, los espíritus de los muertos aguardaban para dar la bienvenida al dios Sol en su visita nocturna. Hallábase ahí Udipsharri, padre de Shintalimeni. Al oír la voz de su yerno, se holgó de que fuese el primer mortal que venía a visitar a los muertos. Suplicó al sol que le permitiese la entrada.

–Muy bien, que pase la puerta y me siga por el oscuro sendero; no regresará al reino de los vivos. Atad sus manos y sus pies, para que no pueda escapar. Cuando haya visto todo, lo mataré.

Kessi se halló frente a un túnel largo y estrecho. El dios Sol se alejaba y se reducía a un punto. Udipsharri ató a Kessi de pies y manos, y lo invitó a seguir la luz mortecina. Kessi vio a los espíritus de los muertos, que avivaban el fuego: eran los herreros del dios, que forjan los rayos que él arroja a la tierra. Sintió que miles de pájaros revoloteaban en torno. «Éstas –dijo Udipsharri–, son las aves de la muerte que llevan al mundo subterráneo las almas de los muertos.» Kessi reconoció al ave gigantesca de sus sueños. Finalmente llegaron a la puerta del amanecer. Kessi debía morir, pero rogó el perdón. El dios Sol recordó cómo Kessi se levantaba al alba, cazaba y ofrendaba a los dioses. «Bien, dictaminó, irás junto con tu esposa y sus seis hermanas al cielo, donde juntos contemplarán las estrellas eternas.»

En las noches claras se ve, en las praderas del cielo, al Cazador, que tiene las manos atadas y los pies liados con cadenas como collares de mujer. Junto al Cazador resplandecen siete estrellas.

Cuento hitita del segundo milenio a.C.

La primera parte de este cuento se conserva en inscripciones hititas cuneiformes; la segunda, en un fragmento de traducción acádica hallada en Egipto a fines del siglo XIX. Theodore H. Gaster las tradujo, las hizo armonizar y las comentó (The oldest stories in the world, 1952). El cuento está esencialmente relacionado con la muerte y el reino de los muertos: la puerta que no se abre a los mortales sino para dar paso hacia la muerte (la del

Hades; v. Virgilio, Eneida, *VI, 127); el ave que se lleva a un mortal al reino de los muertos; los espíritus de los muertos que avivan el fuego; el dragón y las harpías que cuidan la puerta (se repite en la historia de Gilgamesh y en Virgilio,* Eneida, *VI, 258-289); el encuentro con Udipsharri (Odiseo y su madre, Eneas y Anquises, Dante y Beatriz) y éste como guía (la Sibila con Eneas, Virgilio con Dante). Kessi sería Orión, cazador, encadenado al cielo, persecutor de siete hermanas que se transforman en las Pléyades. La mención de los gnomos es la más antigua que existe.*

Los sueños proceden de Zeus

Durante nueve días arreciaron las flechas del dios. En el décimo, Aquiles convocó al pueblo al ágora. «¡Átridas! Creo que tendremos que retroceder, yendo otra vez errantes, si escapamos de la muerte; si no, la guerra y la peste acabarán con los aqueos. Pero antes consultemos a un adivino, sacerdote o intérprete de sueños, para que nos diga por qué se irritó tanto Febo Apolo; pues también el sueño procede de Zeus.»

Ilíada, I.

Las dos puertas

I. Dijo la discreta Penélope: «¡Forastero! Hay sueños inescrutables y de lenguaje oscuro y no se cumple todo cuanto anuncian a los hombres. Hay dos puertas para los leves sueños: una, construida de cuerno; y otra, de marfil. Los que vienen por el bruñido marfil nos engañan, trayéndonos palabras sin efecto; y los que salen por el pulimentado cuerno anuncian, al mortal que los ve, cosas que realmente han de verificarse».

Odisea, XIX.

II. Gemelas son las puertas del sueño, de las cuales una diz que es de cuerno, por la cual se da salida fácil a las verdaderas sombras; la otra, reluciente, primorosamente labrada en blanco marfil, es aquella por la cual envían los manes los falsos sueños a la tierra.

Eneida, VI.

El sueño de Penélope

Penélope a Odiseo (sin saber que es éste quien ha regresado a Ítaca tras veinte años de ausencia): «Oye, pues, mi sueño: Hay en la casa veinte gansos que comen trigo remojado en agua y yo me huelgo de contemplarlos; mas he aquí que bajó del monte un aguilón de corvo pico, y, rompiéndoles el cuello, los mató a todos. Yo, entre sueños, lloré y di gritos; y las aqueas de hermosas trenzas fueron juntándose a mi alrededor, mientras yo seguía doliéndome de que el aguilón hubiese dado muerte a mis gansos. Tornó el ave, se posó en el borde del alero y me devolvió la calma, diciéndome con voz humana: "¡Cobra ánimo, hija del famosísimo Icario, pues no es sueño sino visión veraz, que ha de cumplirse! Los gansos son los pretendientes; y yo, que me presenté bajo la forma de aguilón, soy tu esposo que ha llegado y les dará a todos ignominiosa muerte"».

Odisea, XIX.

Los idus de marzo

A lo que parece, no fue tan inesperado como precavido el hado de César, porque se dice haber precedido maravillosas señales y prodigios. Por lo que hace a los resplandores y fuegos del cielo, a las imágenes nocturnas que por muchas partes discurrían y a las aves solitarias que volaban por la plaza, quizá no merecen mentarse como indicios de tan gran suceso. Estrabón el filósofo [y geógrafo] refiere haberse visto correr por el aire muchos hombres de fuego, y que el esclavo de un soldado arrojó de la mano mucha llama, de modo que los que lo veían juzgaban que se estaba abrasando, y cuando cesó la llama se halló que no tenía la menor lesión. Habiendo César hecho un sacrificio, se desapareció el corazón de la víctima, cosa que se tuvo a terrible agüero, porque por naturaleza ningún animal puede existir sin corazón. Todavía hay muchos de quienes se puede oír que un agorero le anunció aguardarle un gran peligro en el día [15] del mes de marzo que los romanos llamaban los idus. Llegó el día, y yendo César al senado saludó al agorero y como por burla le dijo: «Ya han llegado los idus de marzo»; a lo que contestó con gran reposo: «Sí, pero no han pasado». El día antes lo tuvo a cenar Marco Lépido, y estando escribiendo unas cartas, como lo tenía de costumbre, recayó la conversación sobre cuál era la mejor muerte, y César, anticipándose a todos, dijo: «La no esperada». Acostado después con su mujer, según solía, repentinamente se abrieron todas las puertas y ventanas de su cuarto, y turbado por el ruido y la luz, porque hacía luna clara, observó que Calpurnia dormía profundamente, pero que entre sueños prorrumpía en voces mal pronunciadas y sollozos no articulados, y era ésta la visión que tuvo la mujer de César, sino que estando incorporado en su casa un pináculo que, según refiere Livio, se le había decretado por el senado para su mayor decoro y majestad, lo vio entre sueños destruido, sobre lo que se acongojó y lloró. Cuando fue de día rogó a César que si había arbitrio no fuera al senado, sino que lo dilatara para otro día; y si tenía en poco a sus sueños, por sacrificios y otros medios de adivinación examinara qué podía ser lo que conviniese.

PLUTARCO, *Vidas paralelas*, Cayo Julio César, LXIII (*c.* 100).

Del diario epistolar de César
para Lucio Mamilio Turrino,
en la isla de Capri

(En la noche del 27 al 28 de octubre)

1013. *(Sobre la muerte de Catulo.)* Estoy velando a la cabecera de un amigo agonizante: el poeta Catulo. De tiempo en tiempo se queda dormido y, como de costumbre, tomo la pluma, quizá para evitar la reflexión.

Acaba de abrir los ojos. Dijo el nombre de seis de las Pléyades, y me preguntó el séptimo.

Ahora duerme.

Ha pasado otra hora. Conversamos. No soy novato en esto de velar a la cabecera de los moribundos. A quienes sufren es preciso hablarles de sí mismos; a los de mente lúcida, alabarles el mundo que abandonan. No hay dignidad alguna en abandonar un mundo despreciable, y quienes mueren suelen temer que la vida acaso no haya valido los esfuerzos que les ha costado. Personalmente, jamás me faltan motivos para alabarla.

En el transcurso de esta última hora he pagado una vieja deuda. Durante mis campañas, muchas veces me visitó un ensueño persistente: caminaba de acá para allá frente a mi tienda, en medio de la noche, improvisando un discurso. Imaginaba haber congregado un auditorio selecto de hombres y mujeres, casi todos los jóvenes, a quienes anhelaba revelar todo cuanto había aprendido en la poesía inmortal de Sófocles –en mi adolescencia, en mi madurez, como soldado, como estadista, como padre, como hijo, como enamorado; a través de alegrías y vicisitudes–. Quería, antes de morir, descargar mi corazón (¡tan pronto colmado!) de toda esa gratitud y alabanza.

¡Oh, sí! Sófocles fue un hombre; y su obra, cabalmente humana. He aquí la respuesta a un viejo interrogante. Los dioses ni le prestaron apoyo ni se negaron a ayudarlo; no es así como proceden. Pero si ellos no hubiesen estado ocultos él no habría luchado tanto por encontrarlos.

Así he viajado: sin poder ver a un pie de distancia, entre los Alpes más elevados, pero jamás con paso tan seguro. A Sófocles le bastaba con vivir *como si los Alpes hubiesen estado allí*.

Y ahora, también Catulo ha muerto.

THORNTON WILDER, *Los idus de marzo*
(1945).

El incesto

César informa que, antes de cruzar el Rubicón y marchar sobre Roma, soñó que cohabitaba con su madre. Como es sabido, los desaforados senadores que terminaron con César a golpes de puñal, no lograron impedir lo que estaba dispuesto por los dioses. Porque la Ciudad quedó preñada del Amo («hijo de Rómulo y descendiente de Afrodita»), y el prodigioso retoño pronto fue el Imperio Romano.

RODERICUS BARTIUS, *Los que son números y los que no lo son* (1964).

El sueño de Escipión

Entre los textos de Cicerón destaca como único por su alcance religioso o, mejor dicho, filosófico-religioso, el llamado *Somnium Scipionis (El sueño de Escipión)* que se halla en el libro VI del tratado *De re publica*. Se trata de la narración –puesta en boca de Escipión Emiliano– de un sueño en el cual se le aparece a Escipión su padre, Escipión el Africano. El padre muestra al hijo Cartago desde una altura y predice la victoria del hijo sobre la ciudad dentro de dos años (y la victoria sobre Numancia posteriormente). Agrega que el hijo regresará al Capitolio en triunfo y que encontrará una Ciudad completamente revuelta. Será necesario entonces aportar la luz del alma, de la inteligencia y de la prudencia. Para animarlo a ello, el Africano muestra a Escipión Emiliano el destino de las almas que han servido bien a su patria y practicado la piedad y la justicia. Estas almas habitan la Vía Láctea presididas por el *princeps deus* o dios soberano. Es un universo magnífico y admirable dividido en nueve esferas, las cuales producen con sus movimientos una armonía divina. En la esfera celeste –la más externa, la que ciñe todas las demás y en donde están fijadas las estrellas– vive el dios soberano. Bajo esta esfera hay otras siete que se mueven en sentido inverso al del cielo. En el círculo inferior gira la Luna; debajo de ella hay el mundo sublunar, donde no existe nada que no sea mortal y caduco excepto las almas de los hombres. Éstas viven en la última y novena esfera, la Tierra, que no se mueve y es concéntrica a las otras. Ahora bien, para conseguir la piedad y la justicia hay que volver la vista hacia lo superior, hacia las esferas supralunares, donde nada es caduco ni mortal. El alma se halla ligada por su parte superior a esas esferas y solamente podrá regresar efectivamente a ellas, como a su verdadera patria, cuando olvide la caducidad de los bienes y de las falsas glorias terrenales, es decir, cuando se dé cuenta de que estar encerrada en un cuerpo mortal no significa que ella misma sea mortal. El alma inmortal mueve el cuerpo mortal como Dios mueve un mundo en ciertos respectos destinados a la muerte. Hay que ejercitar, pues, el alma en las más nobles ocupaciones, y las más nobles de todas son las encaminadas a la salvación de la patria. Las almas que cumplan con esta sublime misión serán recompensadas con la ascensión a las esferas celestes, mientras que las que se entreguen a los placeres sensibles permanecerán a ras de tierra y no ascenderán sino después de ser atormentadas durante siglos.

Se ha discutido mucho el origen de estas ideas. Algunos autores señalan que proceden de Posidonio; otros niegan semejante procedencia. El cuadro de Cicerón (acaso con la sola excepción del motivo cívico del servicio de la Ciudad) corresponde a muchas de las ideas que en su época se fueron abriendo paso y que por un lado tienen puntos de contacto con las religiones astrales, por otro con la tendencia a elaborar las concepciones platónicas de la inmortalidad y simplicidad del alma, y por otro, finalmente, con una visión del cosmos como una gran armonía, como un templo en el cual habitan como ciudadanos las almas virtuosas. Semejantes ideas ejercieron bastante influencia sobre autores posteriores; entre ellos destacó Macrobio.

Hay que observar que uno de los temas del *Sueño* es la concepción de la insignificancia de la vida individual en este mundo comparada con la inmensidad del cosmos. El tema está desarrollado también en el libro IV de la *Eneida* (revelación de Eneas a Anquises) y en algunos escritos estoicos (por ejemplo, en Séneca, *Ad Marciam de consolatione*, XXI, 1).

JOSÉ FERRATER MORA, *Diccionario de filosofía* (ed. de 1958).

De dónde y cómo resultan los sueños

Cuando el fuego exterior se retira por la noche, el fuego interior se encuentra separado de él; entonces, si sale de los ojos, cae sobre un elemento distinto, se modifica y extingue, toda vez que deja de tener una naturaleza común con el aire que lo rodea, que ya no tiene fuego. Cesa de ver, y lleva al sueño. Esos aparatos protectores de la visión dispuestos por los dioses, los párpados, cuando se cierran frenan la fuerza del fuego interior. Éste, a su vez, calma y apacigua los movimientos internos. Y, así que se han apaciguado, sobreviene el sueño; y, si el reposo es completo, un sueño casi sin ensueños se abate sobre nosotros. Por el contrario, cuando subsisten en nosotros movimientos más notables, según su naturaleza, y según el lugar en que se hallen, resultan de ellos imágenes de diversa naturaleza, más o menos intensas, semejantes a objetos interiores o exteriores, y de las que conservamos algún recuerdo al despertar.

PLATÓN, *Timeo*, XLV.

Del diario epistolar de César
para Lucio Mamilio Turrino,
en la isla de Capri

(Las notas que siguen parecen haber sido escritas durante los meses de enero y febrero.)

1020.   Cierta vez me preguntaron, en son de broma, si alguna vez había experimentado el horror del vacío. Te respondí que sí, y desde entonces he soñado con él una y otra vez.

Acaso una posición accidental del cuerpo dormido, acaso una indigestión, cualquier otra clase de disturbio interno; lo cierto es que el terror que embarga a la mente no resulta menos real. No es (como creí algún tiempo) la imagen de la muerte y la mueca de la calavera, sino el estado en que se percibe el fin de todas las cosas. Esta nada no se presenta como ausencia o silencio, sino como el desenmascarado mal absoluto: burla y amenaza que reduce al ridículo todo placer, y marchita y agosta todo esfuerzo. Esta pesadilla es la réplica de la visión que se sobreviene en los paroxismos de mi enfermedad[1]. En ellos me parece

1. Epilepsia.

captar la clara armonía del universo, me invaden una dicha y una confianza inefables, y querría gritar a todos los vivos y los muertos que no hay parte del mundo que no haya sido alcanzada por la mano de la bendición.

(El texto continúa en griego.)

Ambos estados derivan de ciertos humores que actúan en el organismo, pero en ambos se afirma la conciencia de que «esto lo sabré de ahora en adelante». ¿Cómo rechazarlos como vanas ilusiones si la memoria los corrobora con testimonios innumerables, radiantes o terribles? Imposible negar el uno sin negar el otro: ni querría yo, como un simple pacificador de aldea, acordar a cada uno su menguada porción de verdad.

THORNTON WILDER, *Los idus de marzo* (1945).

El sueño mal interpretado

Huayna Cápac sintióse temeroso de la peste. Se encerró y en su encierro tuvo un sueño en el que tres enanos venían a él y le decían: «Inca, venimos a buscarte». La peste alcanzó a Huayna Cápac y mandó que el oráculo de Pachacámac interpretase qué cosa debía hacerse para recuperar la salud. El oráculo declaró que lo sacasen al sol, que así sanaría. Salió el Inca al sol, y al punto murió.

BERNABÉ COBO, *Historia del Nuevo Mundo.*

Sueños caseros

El escritor latino del siglo V Ambrosio Teodosio Macrobio, autor de *Las saturnales,* escribió un difundido Comentario a *El sueño de Escipión,* capítulo VI de *La República* de Cicerón donde se hace la recomendación del sistema de gobierno que imperaba en Roma en la primera mitad del siglo I a.C. y se describe una cosmogonía de origen platónico y pitagórico. Macrobio alerta sobre los sueños comunes o de entrecasa, eco de la vida cotidiana –el amor, la comida, los amigos, los enemigos, el vestir, el dinero–, a los que no vale interpretar: carecen del soplo divino que anima a los grandes sueños. En el siglo XIII, Albert von Bollstädt (?-1280), más conocido por San Alberto Magno, inició la conciliación escolástica entre la filosofía griega y la doctrina cristiana, y tuvo por discípulo en París a Tomás de Aquino. En su tratado *Del alma* coincide con Macrobio sobre la vanidad de los sueños menores y la excelsitud de los que están animados por un soplo divino. Alberto fue gran viajero, se interesó por las propiedades de los minerales, de los elementos, de los animales y de los meteoros, y, por su *Tratado de la alquimia,*

logró rodearse de un tufillo de magia. No obstante, llegó
a obispo de Ratisbona, dignidad a la que renunció para
reiniciar sus viajes. No vio cumplido el sueño de todo
maestro: ser superado en el tiempo (ya que no en el saber) por su mejor discípulo. Y a la muerte del de Aquino
(1274), volvió a París para exaltar su doctrina.

RODERICUS BARTIUS, *Los que son números y los que no lo son* (1964).

La prueba

Si un hombre atravesara el Paraíso en un sueño y le dieran una flor como prueba de que había estado ahí, y si al despertar encontrara esa flor en su mano... ¿entonces, qué?

S. T. COLERIDGE

Un sueño habitual

El Nilo sombreado
las bellas morenas
vestidas de agua
burlándose del tren

Fugitivos

GIUSEPPE UNGARETTI, *Primeras* (1919).

De la naturaleza de los sueños

Cuando el sueño por fin los miembros ata
con un dulce sopor, y cuando el cuerpo
en profundo reposo está tendido,
entonces nos parece estar despiertos,
y hacer también de nuestros miembros uso;
creemos ver el sol y luz del día
en medio de la noche tenebrosa:
y en una pieza estrecha y bien cerrada
mudar de climas, mares, montes, ríos,
y atravesar a pie llanuras grandes;
y en el profundo y general silencio
de la noche parece oír sonidos,
y en silencios responder acordes.
    Vemos, en algún modo sorprendidos,
semejantes fenómenos, que tienden
todos a destruir la confianza
debida a los sentidos, pero en vano:
el engaño proviene en nuestra parte
de los juicios del alma que nosotros
pintamos con aquellas relaciones

de los sentidos, suponiendo visto
aquello que los órganos no vieron;
porque la distinción de relaciones
evidentes de inciertas conjeturas
que el ánimo de suyo nos asocia
es la cosa más rara y excelente.
....

Ora con brevedad decirte quiero
qué cuerpos dan al alma movimiento
y de dónde le vienen sus ideas.
Digo que vagan muchos simulacros[1]
en toda dirección con muchas formas,
tan sutiles, que se unen fácilmente
si llegan a encontrarse por los aires
como el hilo de araña y panes de oro;
porque aun exceden en delicadeza
a las efigies por las cuales vemos
los objetos, supuesto que se meten
por todos los conductos de los cuerpos,
y dan interiormente movimiento
del alma a la sustancia delicada,
y le ponen en juego sus funciones.
Los centauros, Escilas y Cerberos
y fantasmas de muertos así vemos,
cuyos huesos abraza en sí la tierra:
pues la atmósfera hierve en simulacros;

1. Lucrecio compara los simulacros que se desprenden de los cuerpos
con el humo que sale de la leña, los vapores que despiden los fuegos, las
túnicas que en estío dejan las cigarras, etc., y también con la luz que,
coloreándose, pasa a través de las cortinas, con el olor, y con los
simulacros que vemos en los espejos. Otros se forman en la región del
aire. Estos simulacros se mueven con grandísima velocidad y corren
espacios increíbles en un momento. (Nota de Aldo Mieli.)

de suyo unos se forman por el aire,
otros emanan de los varios cuerpos,
de dos especies juntas constan otros.
La imagen de un centauro no se forma
seguramente de un centauro vivo:
no ha criado jamás Naturaleza
semejante animal: es un compuesto
de simulacros de caballo y hombre
que el *acaso* juntó; y cual dicho habemos,
su tejido sutil y delicado
la reunión al momento facilita:
como esta imagen se combinan otras,
que por su extraordinaria ligereza
el alma afectan al primer impulso,
porque el ánimo mismo es delicado,
y de movilidad extraordinaria.
　　Es una prueba cierta de lo dicho
parecerse en un todo los objetos
que el alma mira, a los que ven los ojos,
porque nacen del mismo mecanismo:
si enseñé que veía yo leones
con el auxilio de los simulacros
que llegando nos hieren en los ojos,
se infiere que igualmente el alma mueven
los demás simulacros de leones,
que ve tan bien como los mismos ojos.
No de otro modo el alma está despierta
cuando se extendió el sueño por los miembros
porque llegan al alma tan de veras
los simulacros que de día hieren,
que nos parece ver aquel desierto,
a quien la muerte y tierra ya dominan.
A esta ilusión Naturaleza obliga;

porque reposan todos los sentidos
en un profundo sueño, las verdades
no pueden oponer a los errores,
porque está adormecida la memoria,
y con el sueño lánguida no pugna;
que aquel que el alma cree ver con vida,
despojo es de la muerte y del olvido.

Por lo demás, no es una maravilla
el movimiento de los simulacros,
y agitación de brazos y de miembros
según las reglas, pues durante el sueño
deben tener lugar las apariencias;
como que si el primero se disipa
y viene a sucederlo otro distinto,
parece que es el mismo simulacro
que ha mudado de gesto en un instante.

Muchas cuestiones hay sobre este asunto,
y muchas dudas que poner en claro,
si deseamos profundizar las cosas.
La primera cuestión que se propone
es por qué el alma en el instante tiene
las ideas del objeto que le gusta:
¿miran la voluntad los simulacros?
¿Viene la imagen luego que queremos?
Si mar, si tierra, si, por fin, el cielo,
los congresos, la pompa, los banquetes,
si los combates, si otro objeto agrada,
¿no crea y guarda la Naturaleza
las efigies de todo a cualquier seña,
mientras que en la región y sitio mismo
profundamente están las almas de otros
de ideas muy distintas ocupadas?

¿Qué diré cuando vemos en el sueño

ir bailando a compás los simulacros,
cuando mueven sus miembros delicados,
y cuando tienden sus flexibles brazos
 alternativamente con destreza,
y lo vuelven a hacer con pie ligero?
¿Estudiaron acaso reglas y arte
para poder de noche divertirse?
Tengo yo por más cierto y verdadero
que percibimos estos movimientos
en un instante solo, como cuando
se da una sola voz, y sin embargo,
pasan muchos instantes, que distingue
la razón solamente: ésta es la causa
de presentarse muchos simulacros
en cualquier tiempo, y en cualquiera parte:
¡tanta es su muchedumbre y ligereza!
Y siendo tan delgado su tejido,
no puede el alma verlos claramente
sin recogerse dentro de sí misma:
si ella no se dispone a recibirlos
con grande aplicación, todos perecen,
y lo logra por medio de esperanza
de ver aquello que realmente mira.

   ¿No adviertes tú también cómo los ojos
no pueden distinguir aquel objeto
poco sensible, porque se tendieron
sin recogerse y prepararse mucho?
Aun los cuerpos expuestos a la vista
son para el alma, si ella no se aplica,
como si a cien mil leguas estuvieran:
¿a qué viene admirarse de que el alma
deje escapar los simulacros todos
menos los que la tienen ocupada?

Tal vez abulta el alma simulacros
y nos lleva al error y nos engaña:
también transforma el sexo de la imagen
y en vez de una mujer, sólo tocamos
un hombre transmutado en un instante,
y otro cualquier objeto que en pos viene,
de semblante y edad muy diferentes:
esto proviene del olvido y sueño.

> TITO LUCRECIO CARO, *De la natura-*
> *leza de las cosas,* Libro IV (s. I a.C.).
> [Traducción de José Marchena Ruiz de
> Cueto (1768-1821), llamado *el Abate*
> *Marchena;* lleva la fecha de 1791.]

Que cosa es ssuenno

Ssuenno commo quier que ssea natural que ordeno Dios en la natura del omne en quel dio tienpo en que ffolgase en dormiendo por los trabaios que lieua velando –et en aquel dormir, ssegunt dixieron los que ffablaron de naturas e es uerdadieramiente, los mienbros ffuelgan e estan quedos–, el spiritu de la vida meue los sentidos e quiere obrar con ellos bien commo de la que husa el cuerpo quando non duerme, et por esso ssuennan muchas cosas, dellas naturalmiente e con rrazon e dellas de otra guisa, ssegunt lo que comen o beuen o lo al que ffazen en que andan o cuydan mientra estan despiertos, o ssegunt creçen o menguan los quatro humores de que es ffecho el cuerpo; que han de creçer en el los cuydados e las antoianças de manera que lo que ffalla tiene que es cierto en quanto esta en ssuennos, e quando despierta non tiene nada. Et por ende los que ssobre tan fflaco çimento commo este arman ssu crençia, bien se daua a entender que su creençia non era cosa ffirme nin ssana, nin podria durar luengamientre.

ALFONSO EL SABIO, *Setenario* (Ley XVI).

La pesadilla

Sueño con un antiguo rey. De hierro
es la corona y muerta la mirada.
Ya no hay caras así. La firme espada
lo acatará, leal como su perro.

No sé si es de Nortumbria o de Noruega.
Sé que es del norte. La cerrada y roja
barba le cubre el pecho. No me arroja
una mirada su mirada ciega.

¿De qué apagado espejo, de qué nave
de los mares que fueron su aventura,
habrá surgido el hombre gris y grave

que me impone su antaño y su amargura?
Sé que me sueña y que me juzga, erguido
el día entra en la noche. No se ha ido.

JORGE LUIS BORGES

Sobre los sueños

...Cum postrata sopore
  Urgit membra guies, et mens sine
  pondere Judit.

PETRONIO

Muchos autores que han escrito sobre sueños los consideran sólo revelaciones de lo ocurrido en distantes regiones del mundo o presagios de lo que ocurrirá.

Considerémoslo desde otro punto de vista. Los sueños nos dan cierta idea de las excelencias del alma humana y noción de su independencia.

En primer lugar, nuestros sueños son muestra de la gran independencia del alma, que el poder del dormir no logra abatir ni apaciguar. Cuando el hombre se halla fatigado al cabo de la jornada, esta activa parte de su todo sigue trajinando y sin fatiga. Cuando los órganos de los sentidos quieren su lógico reposo y necesaria reparación y el cuerpo ya no puede acompañar a la sustancia espiritual a la que está unido, el alma agudiza sus varias facultades y continúa en acción hasta que su compañero puede acompañarla nuevamente. De tal manera, los sueños se ven como relajaciones y distracciones del alma cuando ésta está eximida de su máquina, deportes y recreaciones y ha dejado su carga a dormir.

En segundo lugar, los sueños muestran la agilidad y perfección que son propias de las facultades de la mente cuando están desligadas de su cuerpo. El alma queda obstruida y demorada en sus operaciones cuando actúa de consuno con su pesado y torpe compañero. Pero en los sueños es maravilloso observar cómo y con qué vivacidad y locuacidad se manifiesta. Lo lento del discurso provoca impremeditadas arengas o ágiles diálogos en idiomas de los que poco o nada se sabe. El grabado abunda en placeres, la modorra en réplicas agudas y puntos de comicidad. No hay acción más penosa de la mente que la invención; no obstante, en los sueños funciona con una facilidad y diligencia que no se dan cuando estamos despiertos. Por ejemplo, creo que todos, en una ocasión u otra, hemos soñado que leíamos libros, diarios o cartas: la invención resulta tan vívida, que la mente debe esforzarse y superarse para formular sus propias sugestiones para redondear la composición.

Desearía insertar un párrafo de *Religio medici*, cuyo ingenioso autor[1] da cuenta de sí mismo en sus sueños y en sus pensamientos cuando está despierto. «En nuestros sueños estamos un tanto más que en nosotros mismos, y el reposo del cuerpo parece ayudar al despertar del alma. Hay una ligación de sentido, pero la libertad de la razón y nuestras concepciones de la vigilia no coinciden con la fantasía de nuestros sueños... En un sueño pude compo-

---

1. *Religio medici: La religión de un médico* (1643; un año antes había aparecido una edición pirática plagada de errores), de Thomas Browne (1605-1682). Se trata de una serie de notas personales, de gran ponderación espiritual y religiosa, y multitud de temas, escrita en 1635. Antes de ser impresa, circuló en copias manuscritas. Alcanzó gran éxito en inglés, latín, francés, flamenco y alemán y gozó de la estimación del doctor Johnson y tras él de Lamb, Coleridge, Carlyle, Browning, etc.

ner toda una comedia: sostener la acción, aprehender los gestos y despertar riendo de mis propias invenciones. Cuando mi memoria es tan fiel como mi razón, ello es fructífero; pero nunca estudiaría en mis sueños aunque sí haría mis devociones; nuestras espesas memorias tienen tan escaso sostén en nuestro abstracto entendimiento que olvidan el cuento y sólo pueden relatar a nuestras despiertas almas una confusa y parcial historia de lo ocurrido... Así, se ha observado que el hombre, al momento de su partida, habla y razona de sí mismo en demasía: el alma empieza a sentirse libre de sus ataduras del cuerpo y a razonar de sí misma como corresponde: a discutir imperiosamente sobre su inmortalidad.»

En tercer lugar, las pasiones afectan la mente con más fuerza cuando estamos dormidos. Alegría y tristeza dan más vigorosa sensación de placer y pena que en cualquier otro momento. E igual la devoción, tal como la da a entender el excelente autor citado, toda vez que el alma se eleva mientras el cuerpo reposa. La experiencia de todo hombre informará al respecto, aunque de distinta manera, según la constitución de cada uno.

Lo que deseo destacar es lo divino del poder del alma, capaz de producir su propia compañía. Conversa con innumerables seres de su propia creación y se traslada a diez mil escenas de su propia imaginación. Ella es su propio teatro, su actor y su espectador. Lo que me hace acordar de aquello que Plutarco asigna a Heráclito: todo hombre despierto habita un mundo común; pero cada uno piensa que habita su propio mundo cuando duerme (sueña); despierto, conversa con el mundo de la naturaleza; dormido, con su mundo particular... Tampoco debo olvidar la observación de Tertuliano sobre el poder de adivinación en los sueños. Que se han operado, ningún

creyente en las Divinas Escrituras puede dudarlo; innumerables ejemplos nos dan, además, escritores antiguos
y modernos, sagrados y profanos. Si estos oscuros presagios, si estas visiones nocturnas, proceden de algún poder latente del alma o de alguna comunicación con el Ser
Supremo o acaecen por intervención de espíritus subor-
dinados, mucho se ha lucubrado al respecto por mentes
sabias. Pero su existencia es incontestable y ha sido desta-
cada por autores ajenos a toda sospecha de superstición o
entusiasmo.

No creo que el alma se desligue enteramente del cuerpo. Basta con que no esté hundida con exceso en la materia o que no se encuentre embrollada y perpleja por la
máquina de la vigilia. La unión con el cuerpo se desliga lo
necesario para dar más juego al alma, la que se recoge en
sí misma y recupera su capacidad de surgir.

JOSEPH ADDISON, en *The Spectator*,
núm. 487, Londres, 18 de septiembre
de 1712.

El don preclaro

De toda la memoria sólo vale
el don preclaro de evocar los sueños.

Antonio Machado

Caedmon

Caedmon debe su fama, que será perdurable, a razones ajenas al goce estético. La *Gesta de Beowulf* es anónima; Caedmon, en cambio, es el primer poeta anglosajón, por consiguiente inglés, cuyo nombre se ha conservado. En el *Éxodo* y en las *Suertes de los apóstoles,* la nomenclatura es cristiana, pero el sentimiento es gentil; Caedmon es el primer poeta sajón de espíritu cristiano. A estas razones hay que agregar la curiosa historia de Caedmon, tal como la refiere Beda el Venerable en el cuarto libro de su *Historia Eclesiástica:*

«En el monasterio de esta abadesa (la abadesa Hild de Streoneshalh) hubo un hermano honrado por la gracia divina, porque solía hacer canciones que inclinaban a la piedad y a la religión. Todo lo que aprendía de hombres versados en las Sagradas Escrituras lo vertía en lenguaje poético con la mayor dulzura y fervor. Muchos, en Inglaterra, lo imitaron en la composición de cantos religiosos. El ejercicio del canto no le había sido enseñado por los hombres o por medios humanos; había recibido ayuda divina y su facultad de cantar procedía directamente de Dios. Por eso no compuso jamás canciones engañosas y ociosas. Este hombre había vivido en el mundo hasta alcanzar una avanzada edad y nada había sabido de versos. Solía concurrir a fiestas donde se había dispuesto, para fomentar la alegría, que todos cantaran por turno acompañándose con el arpa, y cuantas veces el arpa se le acercaba, Caedmon se levantaba con vergüenza y se encaminaba a su casa. Una de esas veces dejó la casa del festín y fue a los establos, porque le habían encomendado esa noche el cuidado de los caballos. Durmió y en el sueño vio un hombre que le ordenó: "Caedmon, cántame alguna cosa". Caedmon contestó y dijo: "No sé cantar y por eso he dejado el festín y he venido a acostarme". El que le habló le dijo: "Cantarás". Entonces dijo Caedmon: "¿Qué puedo yo cantar?". La respuesta fue: "Cántame el origen de todas las cosas". Y Caedmon cantó versos y palabras que no había oído nunca, en este orden: "Alabemos ahora al guardián del reino celestial, el poder del Creador y el consejo de su mente, las obras del glorioso Padre; cómo Él, Dios eterno, originó cada maravilla. Hizo primero el cielo como techo para los hijos de la tierra; luego hizo, todopoderoso, la tierra para dar un suelo a los hombres". Al despertar, guardaba en la memoria todo lo cantado en el sueño. A estas palabras agregó muchas otras, en el mismo estilo, dignas de Dios».

Beda refiere que la abadesa dispuso que los religiosos examinaran la nueva capacidad de Caedmon, y, una vez demostrado que el don poético le había sido conferido por Dios, lo instó a entrar en la comunidad. «Cantó la creación del mundo, el origen del hombre, toda la historia de Israel, el éxodo de Egipto y la entrada en la tierra

prometida, la encarnación, pasión y resurrección de
Cristo, su ascensión al cielo, la llegada del Espíritu Santo
y la enseñanza de los apóstoles. También cantó el terror
del juicio final, los horrores del infierno y las bienaventu-
ranzas del cielo.» El historiador agrega que Caedmon,
años después, profetizó la hora en que iba a morir y la es-
peró durmiendo. Dios, o un ángel de Dios, le había enseñado a cantar; esperemos que volvió a encontrarse con su
ángel.

Jorge Luis Borges

Conviene distinguir

¿Por qué comparas tu mandamiento interior con un sueño? ¿Te parece acaso absurdo, incoherente, inevitable, irrepetible, origen de alegrías o terrores infundados, incomunicable en su totalidad, pero ansioso de ser comunicado, como son precisamente los sueños?

Franz Kafka, *Cuarto cuaderno en octavo.*

La última visita del Caballero Enfermo

Todos lo llamaban el Caballero Negro; nadie supo nunca su verdadero nombre. Después de su impensada desaparición, no ha quedado de él más que el recuerdo de sus sonrisas y un retrato de Sebastiano del Piombo que lo representaba envuelto en una pelliza, con una mano enguantada que cae blandamente, como la de un ser dormido. Alguno de los que más lo quisieron (yo entre esos pocos) recuerda también su cutis amarillo pálido, transparente, la ligereza casi femenina de sus pasos y la languidez habitual de los ojos.

En verdad, era un *sembrador de espanto*. Su presencia daba color fantástico a las cosas más sencillas: cuando su mano tocaba algún objeto, parecía que éste entraba al mundo de los sueños... Nadie le preguntó cuál era su mal y por qué no se cuidaba. Andaba siempre, sin detenerse, día y noche. Nadie supo nunca dónde estaba su casa ni conoció a sus padres y hermanos. Apareció un día en la ciudad y, después de algunos años, otro día, desapareció.

La víspera, cuando el cielo comenzaba a iluminarse, vino a mi cuarto a despertarme. Sentí la caricia de su guante en mi frente, y lo vi, con su sonrisa que parecía el recuerdo de una sonrisa, los ojos más extraviados que de costumbre. Comprendí que había pasado la noche en vela, aguardando la aurora con ansiedad: le temblaban las manos y todo su cuerpo parecía presa de la fiebre.

Le pregunté si su enfermedad lo hacía sufrir más que otros días.

–¿Usted cree, como todos, que yo *tengo* una enfermedad? ¿Por qué no decir que *soy* una enfermedad? Nada me pertenece, pero yo soy de alguien y hay alguien a quien pertenezco.

Acostumbrado a sus extraños discursos, nada dije. Se acercó a mi cama y me tocó otra vez la frente con su guante.

–No tiene usted rastro de fiebre y está perfectamente sano y tranquilo. Tal vez lo espantará; puedo decirle quién soy. Acaso no pueda repetirlo.

Se tumbó en un sillón y continuó en voz más alta:

–No soy un hombre real, con huesos y músculos, generado por hombres. No soy más que la figura de un sueño. Una imagen de Shakespeare es, con respecto a mí, literal y trágicamente exacta: *¡yo soy de la misma sustancia que están hechos los sueños!* Existo porque hay *uno* que me sueña; hay *uno* que duerme y sueña y me ve obrar y vivir y moverme y en este momento sueña que digo todo esto. Cuando empezó a soñarme, empecé a existir: soy el huésped de sus largas fantasías nocturnas, tan intensas que me han hecho visible a los que están despiertos. Pero el mundo de la vigilia no es el mío. Mi verdadera vida es la que discurre en el alma de mi durmiente creador. No recurro a enigmas ni símbolos; lo que digo es la verdad. Ser el actor de un sueño no es lo que más me atormenta. Hay poetas que han dicho que la vida de los hombres es la

sombra de un sueño y hay filósofos que han sugerido que
la realidad es una alucinación. Pero ¿quién es el que me
sueña? ¿Quién es ese uno que me hizo surgir y que al despertar me borrará? ¡Cuántas veces pienso en ese dueño
mío que duerme!... La pregunta me agita desde que descubrí la materia de que estoy hecho. Comprenderá usted
la importancia que el problema tiene para mí. Los personajes de los sueños disfrutan de bastante libertad; también tengo mi albedrío. Al principio me espantaba la idea
de despertarlo, es decir, de aniquilarme. Llevé una vida
virtuosa. Hasta que me cansé de la humillante calidad del
espectáculo y anhelé con ardor lo que antes había temido:
despertarlo. Y no dejé de cometer delito. Pero el que me
sueña, ¿no se espanta de lo que hace temblar a los demás
hombres? ¿Disfruta con las visiones horribles, o no les da
importancia? En esta monótona ficción, le digo a mi soñador que soy un sueño: quiero que sueñe que sueña. ¿No
hay hombres que despiertan cuando se dan cuenta que
sueñan? ¿Cuándo, cuándo lo lograré?

El Caballero Enfermo se quitaba y ponía el guante de la
mano izquierda; no sé si esperaba algo atroz, de un momento a otro.

–¿Cree usted que miento? ¿Por qué no puedo desapare-
cer? Consuéleme, dígame algo, tenga piedad de este abu-
rrido espectro...

Pero no atiné a decir nada. Me dio la mano, me pareció
más alto que antes, su piel era diáfana. Algo dijo en voz
baja, salió de mi cuarto, y desde entonces sólo *uno* lo ha
podido ver.

GIOVANNI PAPINI, *El trágico cotidiano*
(1906).

Confucio sueña su muerte

P or último, lo invadió la lasitud. Tenía ya setenta y tres, era en el verano (de 479 a.C.) y había comprendido muy bien el significado de su sueño. Pidió que avisaran a Tse-kong, el último de sus grandes discípulos. Tse-kong acudió presuroso y halló que Kong-tse, más que recibirlo, lo despedía.

El maestro le dijo:

–Soñé que estaba sentado, recibiendo las libaciones. Me encontraba entre dos columnas. Los de la dinastía Sia, como si todavía reinaran en palacio, exponían sus muertos sobre la escalera oriental; los de la dinastía Tcheu los exponían sobre la escalera occidental, la que se ofrece a los huéspedes; los de la dinastía In los exponían entre dos columnas: no había allí dueños ni huéspedes. Desciendo de los soberanos In: sin duda, voy a morir. Es bueno que así sea, pues ya no queda príncipe inteligente que pueda servirse de mí.

Pocos días después murió, en el año decimosexto de Ngae-kong de Lu, cuadragésimo primero de Tsing-oang de los Tcheu.

EUSTAQUIO WILDE, *Un otoño en Pekín* (1902).

89

La cierva blanca

¿De qué agreste balada de la verde Inglaterra,
de qué lámina persa, de qué región arcana
de las noches y días que nuestro ayer encierra,
vino la cierva blanca que soñé esta mañana?

Duraría un segundo. La vi cruzar el prado
y perderse en el oro de una tarde ilusoria,
leve criatura hecha de un poco de memoria
y de un poco de olvido, cierva de un solo lado.

Los númenes que rigen este curioso mundo
me dejaron soñarte, pero no ser tu dueño;
tal vez en un recodo del porvenir profundo

te encontraré de nuevo, cierva blanca de un sueño.
Yo también soy un sueño lúcido que perdura
un tiempo más que el sueño del prado y la blancura.

JORGE LUIS BORGES

Suele suceder

Mi hijo estaba llorando mi muerte. Lo veía reclinado sobre mi féretro. Quería correr para decirle que no era verdad, que se trataba de otra persona, quizás absolutamente parecida, mas no podía por el cocodrilo. Estaba ahí delante, en el zanjón, listo para tragarme. Yo gritaba con todas mis fuerzas; y los veloriantes, en lugar de avisarle, me miraban con reproche, quizá porque azuzaba a la fiera y temían ser atacados ellos mismos. Clide era el único que no me veía ni oía. Cuando llegó el hombre de la funeraria con una caja parecía un violinista, pero sacó un soplete. Si fuera cierto, todo estaría perdido, pensé; me enterrarían vivo y no podría explicar nada. Los vecinos quisieron apartarlo, por ser el momento más penoso, pero él se agarraba al cajón. El hombre empezó a soldar la tapa por el lado de los pies y ya no pude más: cerré los ojos y corrí a la zanja sin importarme una muerte segura. Después, sólo recuerdo un golpe en la barbilla. Algo como un raspón de la piel contra un filo. Quizás, el roce contra uno de los dientes. Cuando sentí el calor de la soldadura desperté y comprendí todo. Clide tenía razón: yo estaba muerto. La misma sala, la misma gente. Mi pobre hijo seguía allí. El soplete roncaba a la altura de mi pantorrilla. El empleado levantó el extremo libre de la tapa, sacó el pañuelo y me enjugó la sangre de la herida. «Suele suceder –dijo–. A causa del soplete.»

JORGE ALBERTO FERRANDO, *Palo a pique* (1975).

No hay reclamo

Dios no castiga a nadie sin antes haberle avisado.

ORÍGENES

Sueño de la patria

No hay reclamo

Desde que dejé de ocuparme, durante la vigilia, de la fantasía y sus habituales posibilidades representativas, sus artesanos se agitan autónomos en mis sueños; y, con una razón aparente y una aparente consecuencia, arman una pintoresca algarabía. Tal como me lo predijo el maestro versado y demente, vi en sueños la ciudad nativa, aldea maravillosamente transformada y transfigurada, pero no pude entrar en ella. Cuando logré hacerlo, me desperté con sensaciones adversas. Volví al dormir y a los sueños. Me acerqué a la casa paterna por sinuosos caminos que bordeaban ríos tapizados de rosales. En la orilla un campesino labraba la tierra con un arado dorado del que tiraban dos bueyes blancos. Los surcos se llenaban de granos que el campesino lanzaba al aire y caían sobre mí como una lluvia de oro.

GOTTFRIED KELLER, *Enrique el verde* (1855).

Sueña el hidalgo de la torre

I

Gonzalo, que detestaba aquella leyenda (la silenciosa figura degollada vagando las noches invernales entre las alamedas de la torre con la cabeza en las manos), se apartó del balcón y detuvo la crónica magna:

—Videiriña, tocan a acostarse. Pasan de las tres. ¡Vea! Titó y Gouveia comen aquí el domingo, en la torre. Venga con la guitarra y una canción menos siniestra...

Tiró el puro, cerró los cristales de la vieja sala, cubierta de renegridos y tristones retratos de los Ramírez que él llamaba desde niño *las caretas de los abuelos*. Todavía oyó sonar en el silencio de los campos bañados por la luna, las rimadas hazañas de los suyos:

> ¡Ay! En aquella gran batalla,
> don Sebastián, el buen rey,
> al menor de los Ramírez
> que era paje y de la ley...

95

Tras persignarse rápidamente, el hidalgo de la torre se durmió. En la alcoba comenzó una noche agotadora y pavorosa. Andrés Cavalleiro y Juan Gouveia brotaron de la pared revestidos de cotas de malla ¡montados en horrendas tencas asadas! Lentamente, guiñando un ojo maligno, embestían contra su pobre estómago, haciéndolo gemir y retorcerse en el lecho de caoba. Después, en la Calzadita de Villa-Clara, el horroroso Ramírez muerto con la osamenta crujiendo dentro de la armadura y el rey don Alfonso Segundo rechinando unos dientes de lobo lo arrastraban hacia las Navas de Tolosa. Él se resistía, clavado en las lozas, ¡llamando a Rosa, a Gracita, a Titó! Pero don Alfonso le asestaba en los riñones tan duro puñetazo con el guantelete que lo trasladaba desde la taberna de Gago hasta Sierra Morena, al campo de batalla, brillante de pendones y armas. Inmediatamente su primo español Gómez Ramírez, maestre de Calatrava, inclinado desde el corcel negro, le arrancaba los últimos pelos entre la mofa de la hueste sarracena y el llanto de la tía Louredo, ¡transportada en andas a hombros de cuatro reyes!... Por último, extenuado, sin sosiego, cuando el alba clareaba en las rendijas de la ventana y las golondrinas piaban en los aleros, el hidalgo arrojó las sábanas, saltó al suelo, abrió las maderas y los cristales y aspiró deliciosamente el reposo de la quinta. Pero ¡qué sed! ¡Una sed angustiada, que le acorchaba los labios! Recordó la famosa *fruit salt* y corrió al comedor en camisa. Jadeante, echó dos cucharadas en una copa de agua de Vica-Velha y la vació de un trago.

–¡Ah! ¡Qué consuelo! ¡Qué rico consuelo!

Volvió sin aliento a la cama y en seguida se adormeció muy lejos, sobre la espesa hierba de un prado africano, bajo cocoteros que murmuraban, entre el aroma apimentado de flores radiantes que brotaban entre piedras de oro. De aquella perfecta beatitud lo sacó al mediodía Benito, inquieto «con el retraso del señor doctor».

–Es que he pasado una noche atroz, Benito. Pesadillas, terrores, riñas, esqueletos... Han sido los malditos huevos fritos con chorizo... y el pepino, ¡sobre todo el pepino! Una ocurrencia de ese animal de Tító... Después de la madrugada tomé esa *fruit salt,* ¡y estoy magnífico, hombre!... ¡Estoy estupendo! Hasta me siento capaz de trabajar. Lleva a la biblioteca una taza de té verde, muy cargado... Y lleva también unas tostadas.

II

Los pensamientos de Gonzalo volaron irresistibles hacia doña Ana, su descote, los lánguidos baños en que leía el periódico. ¡En fin, qué diablos!... Aquella doña Ana tan honesta, tan perfumada, tan espléndidamente bella, sólo presentaba, como esposa, un feo defecto: el papá carnicero. Y luego la voz, aquella voz que tanto lo estremeció en la Bica-Santa... Pero Mendoza aseguraba que aquel timbre grueso y arrastrado, en la intimidad descendía fino, casi suave... ¡Por otra parte, unos meses de vida común acostumbraban a las voces más desagradables! ¡No! Mancha contumaz, realmente, era sólo la del padre carnicero. Pero ¿quién hay que entre sus miles de abuelos hasta Adán no tenga algún abuelo carnicero? Él, buen hidalgo, de una casta de la que irradiaban dinastías, removiendo el pasado tropezaría con un Ramírez carnicero: ya sobresaliese desde la primera generación con parroquia, ya se esfumase a través de los densos siglos entre los trigésimos abuelos, ¡allí estaba, con el cuchillo y el tajo y las tajadas de carne y el brazo sudoroso con manchas de sangre!

El pensamiento no lo abandonó hasta la torre ni después, ya en el balcón de su cuarto, cuando terminaba el puro oyendo el canto de las cigarras. Estaba acostado, se le cerraban los párpados, y aún sentía que sus pasos se dirigían hacia atrás, hacia el oscuro pasado de su casa, buscando el carnicero por las marañas de la historia... Ya estaba más allá de los confines del imperio visigodo, donde su barbudo antepasado Recesvinto reinaba con un globo de oro en la mano. Jadeante, traspuso las ciudades, penetró las florestas habitadas por el mastodonte. Se cruzó con vagos Ramírez que porteaban, gruñendo, reses muertas y haces de leña. Otros surgían de cubiles humeantes, rechinando dientes verdosos, para sonreír al nieto que pasaba. Después, entre tristes eriales y silencios, llegó a una laguna neblinosa. A orillas del fango, agachado entre los cañaverales, un hombre monstruoso, peludo como una fiera, partía con recios golpes de su hacha de piedra, trozos de carne humana. Era un Ramírez. Por el cielo ceniciento volaba el azor negro. Y en seguida, desde la neblina de la laguna, Gonzalo hacía una seña hacia Santa María de Craquede, hacia la hermosa y perfumada doña Ana, vociferando por encima de los imperios y los tiempos: «¡Encontré a mi abuelo carnicero!».

III

Gonzalo rumió la amarga certeza de que siempre –¡casi desde el colegio de San Felipe!–, no había dejado de sufrir humillaciones. Y todas le venían de intenciones sencillas, tan seguras para cualquier hombre como el vuelo para cualquier ave: ¡sólo para él terminaban siempre en dolor, afrenta o desdicha! Al entrar en la vida escogió un confidente que trajo a la quieta intimidad de la torre, ¡y en seguida aquel hombre se apoderó fácilmente del corazón de Gracita y la abandonó con ultraje! Concibió después ese deseo tan corriente de intervenir en la vida política, ¡y en seguida el azar lo obligó a rendirse y a acogerse a la influencia de aquel mismo hombre, ahora autoridad poderosa! Después abrió al amigo, reanudada la amistad, la puerta de los Cunhaes, confiado en el rígido orgullo de su hermana, ¡en seguida ella se entregaba al antiguo burlador, sin lucha, en la primera sombra propicia de un pabellón! Pensó ahora en casarse con una mujer que le ofrecía una gran belleza y una gran fortuna, y de seguida un camarada de Villa-Clara venía a secretearle: «¡La mujer que escogiste, Gonzalito, es una pelandusca llena de amantes!». No amaba a aquella mujer con noble y grande amor; pero había decidido situar entre sus hermosos brazos su suerte insegura. Con opresora puntualidad, le llegaba la humillación.

Cayó en el vasto lecho como en una tumba. Hundió la cara en la almohada enternecido de piedad por aquella suerte tan desvalida. Recordó los presuntuosos versos de Videiriña:

> ¡Vieja casa de Ramírez,
> honra y prez de Portugal!

¡Decaída prez! ¡Mezquina honra! ¡Y qué contraste entre este último Gonzalo, metido en su agujero de Santa Irene, y aquellos grandes antepasados, los Ramírez cantados con Videiriña, todos ellos (si la Historia y la leyenda no mentían) de vidas triunfales y sonoras! ¡No! Ni siquiera había heredado de ellos la tradición y fácil valentía. Su padre había sido un buen Ramírez intrépido, que en la famosa revuelta de la romería de la Riosa avanzó con un quitasol frente a tres carabinas. Pero él había nacido con el *defecto,* aquella irremediable flaqueza de la carne que, ante una amenaza, un peligro, una sombra, lo obligaba a retroceder, a huir... A huir de Casco. A huir de un bergante de patillas rubias que, en una carretera y después en una venta, lo insultaba sin motivo, para ostentar bravuconería y befa.

Y el alma... ¡la misma flaqueza que lo entregaba a cualquier influencia, como una hoja seca en la ráfaga! Porque su prima María enterneció una tarde sus avispados ojos y, por detrás del abanico, le aconsejó que se interesase por doña Ana, él, de inmediato, rebosante de esperanza, levantó sobre el dinero y la belleza de doña Ana una presuntuosa torre de ventura y lujo. ¿Y la elección? ¿Aquella desdichada elección? ¿Quién lo empujó hacia ella y hacia la indecorosa reconciliación con Cavalleiro y a los disgustos que se siguieron? ¡Gouveia! ¡Con sencillas argucias murmuradas por la calle! Pero ¿qué? ¡Si hasta dentro de su misma torre era manejado por Benito, que se le imponía con superioridad sobre gustos, paseos, dietas, opiniones, corbatas! Un hombre así, por más dotado que esté de inteligencia, es una masa inerte, a la que el mundo imprime formas sucesivas, diversas y contradictorias.

Se sepultó bajo la ropa. Daban las cuatro. A través de los párpados cerrados, percibió caras antiguas, de desusadas barbas ancestrales y feroces cicatrices, que sonreían en el fragor de la batalla o en la pompa de una gala, dilatadas por la soberbia costumbre de mandar y vencer. Desde el borde de la sábana, Gonzalo reconocía a los antiguos Ramírez. Emergían los fortísimos cuerpos con cotas de malla mohosas, arneses de acero, clavas godas erizadas de puntas, o espadines de baile.

Desde sus dispersas tumbas, sus abuelos acudían a la casa nueve veces secular para reunir asamblea majestuosa de la raza resurgida... El de brial blanco y cruz bermeja era Gutierre Ramírez el de Ultramar, que corrió al asalto de Jerusalén; el viejo Egas Ramírez ¡se negaba a acoger en la pureza de su solar al rey don Fernando y la adúltera Leonor! El que cantaba y agitaba el pendón de Castilla, ¿quién sino Diego Ramírez el Trovador, en la radiante mañana de Aljubarrota? Y Payo Ramírez, que se armaba para salvar a San Luis, rey de Francia. Ruy Ramírez sonreía a las naves inglesas que huían de la proa de su capitana por el mar portugués. Pablo Ramírez, paje del guión del rey en los campos fatales de Alcacer, sin yelmo y rota la coraza, inclinaba hacia él su rostro niño con grave dulzura de abuelo enternecido... Gonzalo sintió que su ascendencia toda lo amaba y que acudía a socorrerlo en su debilidad, y que le alcanzaban la espada que combatió en Ourique, el hacha que derribó las puertas de Arcilla. «¡Oh, abuelos! ¿De qué me sirven vuestras armas si me falta vuestra alma?»

Despertó temprano, embrollado, y abrió los cristales a la mañana. Benito quiso saber si el señor doctor había pasado mala noche...

–¡Malísima!

EÇA DE QUEIROZ, *La ilustre casa de Ramírez* (1900).

Cortesía

Soñé que el ciervo ileso pedía perdón al cazador frustrado.

NEMER IBN EL BARUD

Der Traum ein Leben

El diálogo ocurrió en Adrogué. Mi sobrino Miguel, que tendría cinco o seis años, estaba sentado en el suelo, jugando con la gata. Como todas las mañanas, le pregunté:

–¿Qué soñaste anoche?

Me contestó:

–Soñé que me había perdido en un bosque y que al fin encontré una casita de madera. Se abrió la puerta y saliste vos. –Con súbita curiosidad me preguntó–: Decime, ¿qué estabas haciendo en esa casita?

Francisco Acevedo, *Memorias de un bibliotecario* (1955).

Ulrica

Hann tekr sverthit Gram ok leggr i
methal theira bert

Völsunga Saga, 27

Mi relato será fiel a la realidad o, en todo caso, a mi recuerdo personal de la realidad, lo cual es lo mismo. Los hechos ocurrieron hace muy poco, pero sé que el hábito literario es asimismo el hábito de intercalar rasgos circunstanciales y de acentuar los énfasis. Quiero narrar mi encuentro con Ulrica (no supe su apellido y tal vez no lo sabré nunca) en la ciudad de York. La crónica abarcará una noche y una mañana.

Nada me costaría referir que la vi por primera vez junto a las Cinco Hermanas de York, esos vitrales puros de toda imagen que respetaron los iconoclastas de Cromwell, pero el hecho es que nos conocimos en la salita del Northern Inn, que está del otro lado de las murallas. Éramos pocos y ella estaba de espaldas. Alguien le ofreció una copa y rehusó.

–Soy feminista –dijo–. No quiero remedar a los hombres. Me desagradan su tabaco y su alcohol.

La frase quería ser ingeniosa y adiviné que no era la primera vez que la pronunciaba. Supe después que no era característica de ella, pero lo que decimos no siempre se parece a nosotros.

Refirió que había llegado tarde al museo, pero que la dejaron entrar cuando supieron que era noruega.

Uno de los presentes comentó:

–No es la primera vez que los noruegos entran en York.

–Así es –dijo ella–. Inglaterra fue nuestra y la perdimos, si alguien puede tener algo o algo puede perderse.

Fue entonces cuando la miré. Una línea de William Blake habla de muchachas de suave plata o de furioso oro, pero en Ulrica estaban el oro y la suavidad. Era ligera y alta, de rasgos afilados y de ojos grises. Menos que su rostro me impresionó ese aire de tranquilo misterio. Sonreía fácilmente y la sonrisa parecía alejarla. Vestía de negro, lo cual es raro en tierras del Norte, que tratan de alegrar con colores lo apagado del ámbito. Hablaba un inglés nítido y preciso y acentuaba levemente las erres. No soy observador; esas cosas las descubrí poco a poco.

Nos presentaron. Le dije que era profesor de la Universidad de los Andes en Bogotá. Aclaré que era colombiano.

Me preguntó de modo pensativo:

–¿Qué es ser colombiano?

–No sé –le respondí–. Es un acto de fe.

–Como ser noruega –asintió.

Nada más puedo recordar de lo que se dijo esa noche. Al día siguiente bajé temprano al comedor. Por los cristales vi que había nevado; los páramos se perdían en la mañana. No había nadie más. Ulrica me invitó a su mesa. Me dijo que le gustaba salir a caminar sola.

Recordé una broma de Schopenhauer y contesté:

–A mí también. Podemos salir juntos los dos.

Nos alejamos de la casa, sobre la nieve joven. No había un alma en los campos. Le propuse que fuéramos a Thorgate, que queda río abajo, a unas millas. Sé que ya estaba enamorado de Ulrica; no hubiera deseado a mi lado ninguna otra persona.

Oí de pronto el lejano aullido de un lobo. No he oído nunca aullar a un lobo, pero sé que era un lobo. Ulrica no se inmutó.

Al rato dijo como si pensara en voz alta:

–Las pocas y pobres espadas que vi ayer en York Minster me han conmovido más que las grandes naves del museo de Oslo.

Nuestros caminos se cruzaban. Ulrica, esa tarde, proseguía el viaje hacia Londres; yo, hacia Edimburgo.

–En Oxford Street –me dijo– repetiré los pasos de De Quincey, que buscaba a su Anna perdida entre las muchedumbres de Londres.

–De Quincey –respondí– dejó de buscarla. Yo a lo largo del tiempo, sigo buscándola.

–Tal vez –dijo en voz baja– la has encontrado.

Comprendí que una cosa inesperada no me estaba prohibida y la besé en la boca y los ojos. Me apartó con suave firmeza y luego declaró:

–Seré tuya en la posada de Thorgate. Te pido, mientras tanto, que no me toques. Es mejor que así sea.

Para un hombre célibe entrado en años, el ofrecido amor es un don que ya no se espera. El milagro tiene derecho a imponer condiciones. Pensé en mis mocedades de Popayán y en una muchacha de Texas, clara y esbelta como Ulrica, que me había negado su amor.

No incurrí en el error de preguntarle si me quería. Comprendí que no era el primero y que no sería el último. Esa aventura, acaso la postrera para mí, sería una de tantas para esa resplandeciente y resuelta discípula de Ibsen.

Tomados de la mano seguimos.

–Todo esto es como un sueño –dije–, y yo nunca sueño.

–Como aquel rey –replicó Ulrica– que no soñó hasta que un hechicero lo hizo dormir en una pocilga.

Agregó después:

–Oye bien. Un pájaro está por cantar.

Al poco rato oímos el canto.

–En estas tierras –dije–, piensan que quien está por morir prevé el futuro.

–Y yo estoy por morir –dijo ella.

La miré atónito.

–Cortemos por el bosque –la urgí–. Arribaremos más pronto a Thorgate.

–El bosque es peligroso –replicó.

Seguimos por los páramos.

–Yo querría que este momento durara siempre –murmuré.

–*Siempre* es una palabra que no está permitida a los hombres –afirmó Ulrica y, para aminorar el énfasis, me pidió que le repitiera mi nombre, que no había oído bien.

–Javier Otárola –le dije.

Quiso repetirlo y no pudo. Yo fracasé, parejamente, con el nombre de Ulrikke.

–Te llamaré Sigurd –declaró con una sonrisa.

–Si soy Sigurd –le repliqué– tú serás Brynhild.

Había demorado el paso.

–¿Conoces la saga? –le pregunté.

–Por supuesto –me dijo–. La trágica historia que los alemanes echaron a perder con sus tardíos Nibelungos.

No quise discutir y le respondí:

–Brynhild, caminas como si quisieras que entre los dos hubiera una espada en el lecho.

Estábamos de golpe ante la posada. No me sorprendió que se llamara, como la otra, el Northern Inn.

Desde lo alto de la escalinata, Ulrica me gritó:

–¿Oíste al lobo? Ya no quedan lobos en Inglaterra. Apresúrate.

Al subir al piso alto, noté que las paredes estaban empapeladas a la manera de William Morris, de un rojo muy profundo, con entrelazados frutos y pájaros. Ulrica entró primero. El aposento oscuro era bajo, con un techo a dos aguas. El esperado lecho se duplicaba en un vago cristal y la bruñida caoba me recordó el espejo de la Escritura. Ulrica ya se había desvestido. Me llamó por mi verdadero nombre, Javier. Sentí que la nieve arreciaba. Ya no quedaban muebles ni espejos. No había una espada entre los dos. Como la arena se iba el tiempo. Secular en la sombra fluyó el amor y poseí por primera y última vez la imagen de Ulrica.

JORGE LUIS BORGES

Libro tercero de las fantasías de Gaspar de la Noche

La noche y sus prestigios

I. La celda gótica

> Nox et solitudo plenae sunt diabolo.
> Los Padres de la Iglesia
> [De noche, mi celda se llena de diablos.]

¡Oh, la tierra –murmuraba yo de noche– es un cáliz embalsamado cuyo pistilo y estambres son la luna y las estrellas!

Y con los ojos cargados de sueño, cerré la ventana que incrustó la negra luz del calvario en la aureola amarilla de los cristales.

¡Al menos si a medianoche, la hora blasonada de dragones y diablos, no fuese más que el gnomo el que se embriagara en el aceite de mi lámpara!

¡Si no fuese más que la nodriza quien mece con monótono canto, en la coraza de mi padre, a un recién nacido muerto!

¡Si no fuese más que el esqueleto del lansquenete emparedado en el maderamen quien llama con la frente, con el codo y la rodilla!

¡Pero es Scarbó, que me muerde en el cuello y que, para cauterizar mi sangrante herida, hunde en ella su dedo de hierro enrojecido en las brasas del hogar!

II. Scarbó

> Dios mío, concédeme a la hora de la muerte las plegarias de un monje, una mortaja de lienzo, un ataúd de pino, y un sitio seco.
>
> Las letanías del señor Mariscal

Que mueras absuelto o condenado –Scarbó me murmuraba esa noche al oído–, tendrás por mortaja una tela de araña, y ya me encargaré de amortajar la araña contigo.

Rojos los ojos de tanto haber llorado, «Oh, dame al menos por mortaja –le contesté– una hoja de álamo en la que me meza el aliento del lago».

–No –respondió sardónico el enano–: serás pasto del escarabajo que por las tardes sale a cazar los mosquitos deslumbrados por el sol poniente.

–¿Prefieres, pues –le repliqué sin dejar de llorar–; prefieres que una tarántula con trompa de elefante me sorba?

–Bueno: consuélate –añadió–. Tendrás por mortaja las tiras tachonadas de oro de una piel de serpiente, en las que te envolveré como una momia.

»Y desde la tenebrosa cripta de San Benigno, en la que te dejaré de pie contra la pared, podrás oír a tu gusto cómo lloran los niños que están en el limbo.

III. El loco

> Un carolus[1] o, si no,
> si lo prefieres, un cordero de oro.
> Manuscritos de la Biblioteca
> del Rey

La luna peinaba sus cabellos con un escarpidor de ébano que plateaba con una lluvia de gusanos de luz las colinas, los prados y los bosques.

Scarbó, gnomo que poseía abundantes tesoros, acechaba en mi tejado, al rechinar de la veleta, ducados y florines que saltaban cadenciosamente, yendo las monedas falsas a sembrar el suelo de la calle.

¡Cómo se reía el loco que, por las noches, vaga por la ciudad desierta, un ojo en la luna y el otro, ay, saltado!

–¡Maldita sea la luna! –gruñó–. Recogeré las piezas del diablo y me compraré una picota para calentarme al sol.

Pero era la luna, todavía la luna, la que se ocultaba. Y Scarbó, en la cueva, seguía acuñando ducados y florines a golpes de balancín.

Mientras tanto, con los cuernos por delante, una babosa, perdida en la noche, buscaba el camino en mis vitrales luminosos.

IV. El enano

> –¡Tú a caballo!
> –¿Por qué no? Más de una vez he galopado en un lebrel del *laird*[2] *de Linlithgow*.
> Balada escocesa

Entre la sombra de las cortinas, desde mi asiento, había capturado la furtiva mariposa surgida de un rayo de luna o de una gota de rocío.

1. Moneda antigua.
2. En inglés en el texto: señor escocés.

Falena palpitante por desprender sus alas cautivas en mis dedos, me pagaba un rescate de perfumes.

Súbitamente, el vagabundo animalillo echó a volar. En mi regazo quedó una larva monstruosa y deforme con rostro humano.

«¿Dónde está tu alma? ¿En qué voy cabalgando?» «Mi alma, hacanea aspeada por las fatigas del día, reposa ahora en la litera dorada de los sueños.»

Y huía de espanto, mi alma, a través de la lívida tela de araña del crepúsculo, por encima de los negros horizontes festoneados de negros campanarios góticos.

Pero el enano, colgado a su fuga relinchante, se enrollaba como un huso a los copos de su blanca crin.

V. EL CLARO DE LUNA

> Despertad, gentes que dormís,
> Y rogad por los que han fenecido.
> *Grito del que clama en la noche.*

¡Oh, cuán dulce es, a la noche, cuando las horas tiemblan en el campanario, mirar la luna con su nariz como un carolus de oro!

Dos leprosos se quejaban bajo mi ventana, un perro aullaba en la plazoleta, y el grillo de mi hogar vaticinaba en voz baja.

Mas no tardó en hacerse en mi oído un silencio profundo. Los leprosos se volvieron a sus pocilgas, acudiendo en el momento en que Jacquemart pegaba a su mujer.

El perro se había largado a todo correr entre las alabardas de la noche enmohecida por la lluvia y aterida por el erizo.

Y el grillo se durmió tan pronto como la última chispa apagó su lucecilla última entre las cenizas de la chimenea.

Y me pareció –¡tan incoherente es la fiebre!– que la luna, haciéndome muecas, sacaba la lengua como un ahorcado.

Al Sr. Louis Boulanger, pintor.

VI. EL CORRO BAJO LA CAMPANA

> Érase un macizo caserón, casi cuadrado, rodeado de ruinas, y cuya torre principal, que aún conservaba el reloj, dominaba todo el barrio.
>
> FENIMORE COOPER

Doce magos danzaban en corro debajo de la campana mayor de Saint-Jean. Uno tras otro evocó la tempestad, y desde el fondo de mi lecho conté con espanto doce voces que atravesaban las tinieblas.

Inmediatamente la luna corrió a ocultarse tras las nubes, y una lluvia mezclada de relámpagos y ramalazos de viento fustigó mi ventana mientras las veletas graznaban como grullas apostadas en el bosque, aguantando el chubasco.

Saltó la prima de mi laúd, suspendido en el tabique; el jilguero sacudió el ala en la jaula, algún espíritu curioso volvió una hoja del *Roman de la Rose* que dormía en mi pupitre.

De repente estalló el rayo en lo alto de Saint-Jean. Los hechiceros, heridos de muerte, cayeron desvanecidos, y desde lejos vi sus libros de magia arder como una antorcha en el negro campanario.

El espantoso resplandor teñía con las llamas rojas del purgatorio y del infierno los muros de la iglesia gótica y prolongaba sobre las casas vecinas la sombra de la estatura gigantesca de Saint-Jean.

Las veletas se oxidaron; la luna atravesó las nubes gris perla; la lluvia no caía ya más que gota a gota desde el alero del tejado, y la brisa, abriendo mi ventana mal cerrada, arrojó sobre mi almohada las flores de un jardín sacudido por la tormenta .

VII. Un sueño

> Eso y mucho más he soñado, pero no entiendo palabra de todo ello.
> *Pantagruel*, Libro III

Era de noche. Al principio había –lo cuento como lo vi– una abadía con los muros veteados por la luna, un bosque atravesado por senderos tortuosos, y el Marimont[3], repleto de capas y sombreros.

Luego –lo cuento como lo vi– el fúnebre doblar a muerto de una campana al que respondían los fúnebres sollozos de una celda, lamentos de queja y risas feroces ante las que se estremecía cada hoja en su rama, y bordoneo de plegarias de los penitentes negros que acompañaban al criminal al suplicio.

Finalmente –así acabó el sueño, así lo cuento– un monje expiraba en la ceniza de los agonizantes, una muchacha se debatía colgada en las ramas de una encina. Y yo, a quien el verdugo desgreñado ataba a los radios de la rueda.

Dom Agustín, el prior difunto, en hábito de franciscano, tendrá los honores de la capilla ardiente, y Marguerite, a quien ha matado su amante, será amortajada con su blanco vestido de inocencia, entre cuatro cirios de cera.

---

3. Lugar donde se realizaban las ejecuciones en Dijon.

Pero conmigo la barra del verdugo se rompió al primer golpe como si fuese de vidrio, las antorchas de los penitentes se apagaron bajo torrentes de lluvia, la muchedumbre se desparramó como los arroyos desbordados y rápidos –y yo perseguía ya otros sueños al despertar–.

VIII. Mi bisabuelo

> En aquella habitación todo permanecía
> en el mismo estado de no ser la tapicería,
> que estaba completamente desgarrada, y
> por las arañas que tejían sus telas en el
> polvo.
>
> Walter Scott, *Woodstock*

Los venerables personajes de la tapicería gótica agitada por el viento se saludaron unos a otros y mi bisabuelo entró en la pieza –mi bisabuelo, el que pronto hará ochenta años que murió–.

¡Ahí! Ahí mismo, ante ese reclinatorio, es donde se arrodilló mi bisabuelo, rozando con su barba el misal amarillo, abierto por donde marca la cinta.

Durante toda la noche estuvo bisbiseando sus oraciones sin descruzar un solo momento los brazos bajo la esclavina de seda violeta, sin siquiera mirar oblicuamente una sola vez hacia mí, su posteridad, acostado en su lecho, su polvoriento lecho de baldaquino.

¡Y me di cuenta con espanto de que sus ojos estaban vacíos aun cuando parecían leer; que sus labios estaban inmóviles, aun cuando yo lo oía rezar; que sus dedos estaban descarnados, aun cuando brillaban de pedrería!

Y hube de preguntarme si velaba o dormía, si era la lividez de la luna o de Lucifer, si era media noche o era el alba.

IX. Ondina

> ...Yo creía escuchar
> una vaga armonía que mi sueño encantaba,
> un susurro cercano, semejante, en el aire,
> al canto entrecortado de una voz triste y tierna.
> Ch. Brugnot, *Los dos genios*

–¡Escucha! ¡Escucha! Soy yo, Ondina, que roza con sus gotas de agua los sonoros rombos de tu ventana iluminada por los melancólicos rayos de la luna; y ve ahí, vestida de muaré, la dama del castillo que desde el balcón contempla la hermosa noche estrellada y el bello lago dormido.

»Cada ola es una ondina que nada en la corriente, cada corriente es un sendero que serpentea hacia mi palacio, y mi palacio está hecho de materias fluidas, en el fondo del lago, en el triángulo del fuego, de la tierra y del aire.

»¡Escucha! ¡Escucha! Mi padre, croando, bate al agua con una rama de aliso verde; y mis hermanas acarician con sus brazos de espuma los frescos islotes de hierba, de nenúfares, de gladíolos, o se burlan del sauce caduco y barbudo que pesca con caña.

Terminada la canción, me suplicó ponerme su anillo en mi dedo para ser el esposo de una ondina, y visitar con ella su palacio para ser el rey de los lagos.

Y como yo contestase que amaba a una mortal, mohína y despechada vertió algunas lágrimas, soltó una carcajada y se desvaneció en aguaceros que resbalaron blancos a lo largo de mis vidrios azules.

X. La salamandra

> Arrojó al hogar de la chimenea un manojo
> de muérdago bendito que ardió crepitando.
> Ch. Nodier, *Trilby*

–Grillo, amigo mío, ¿has muerto que permaneces sordo a mi silbido y ciego al resplandor del incendio?

Pero el grillo, por muy afectuosas que resultaran las palabras de la salamandra, nada dijo, ya porque dormía con mágico sueño, ya porque tuvo el capricho de enfadarse.

–¡Oh! ¡Cántame tu canción, como cada noche! Desde tu escondrijo de ceniza y hollín tras la placa de hierro escudada con tres heráldicas flores de lis...

Tampoco respondió el grillo. Y la salamadra, desconsolada, bien aguardaba oír la voz, bien zumbaba con la llama de cambiantes colores rosa, azul, amarillo, blanco, violeta.

–¡Ha muerto mi amigo! ¡Ha muerto, yo también quiero morir! –Las sarmentosas ramas se habían consumido, la llama se arrastró sobre las brasas, dijo adiós a la cremallera, y la salamandra murió de inanición.

XI. La hora del aquelarre

> ¿Qué puede ocurrir en el valle a estas horas?
> H. de Latouche, *El Rey de los Alisos*

¡Aquí es! Y ya, en la espesura de los matorrales que apenas esclarecía el ojo fosfórico de un gato montés acurrucado bajo ramaje.

Entre las rocas que empapaban en la noche de sus precipicios su cabellera de maleza, reluciente de rocío y de gusanos de luz.

Junto al torrente que cae espumoso entre las copas de los pinos y que flota en vapor gris al fondo de los castillos.

Se reúne una muchedumbre innumerable que el viejo leñador, retardado por los senderos, su carga de leña al hombro, oye y no ve.

Y de encina a encina, de otero en otero, se dispersan mil gritos confusos, lúgubres, espantosos: ¡Hum! ¡Hum! ¡Shi! ¡Shi! ¡Cucú, cucú!

¡Ahí está la horca! – Y por allí se ve aparecer, en la sombra, un judío que algo busca entre la hierba mojada, bajo el relámpago dorado de una mano de gloria.

ALOYSIUS BERTRAND, *Gaspard de la Nuit* (1842).

Preparándose

En los procesos de sus sueños, el hombre se ejercita para la vida venidera.

NIETZSCHE

«¡Entre mí y mí, qué diferencia!»

Hacia el año 400 el hijo de Mónica y obispo de Hipona, Aurelius Augustinus, conocido después por San Agustín, redactó sus *Confesiones*. No pudo disimular su asombro ante las deformaciones y excesos que asaltan en los sueños al varón que, durante la vigilia, se atiene a su concepción ético-filosófica y a la doctrina cristiana. «No por mí, sino en mí ha ocurrido –dice–. ¡Entre mí y mí, qué diferencia!» Y el obispo da gracias a Dios por no ser responsable del contenido de sus sueños. La verdad, sólo un santo puede quedar tranquilo de saberse irresponsable.

RODERICUS BARTIUS, *Los que son números y los que no lo son* (1964).

Los caminos de que se vale Dios
para alimentar el espíritu

Pero ¿quién puede detallar su primer día en Atenas, cuando los sueños infantiles, casi olvidados, recobran luces y líneas, y parecen confirmarse? Anduvimos entre dioses y turistas, sudamos, bebimos vino; tan pronto quedaba ensimismado o me volvía locuaz, sentía ganas de cantar o enmudecía. Los ojos clausuran lo innecesario, se multiplican para lo eterno. Si me cruzaba con una muchacha que vestía una simple blusa, se trataba de una doncella de los juegos o los oráculos. Pasé junto al Erecteión y sus cariátides casi sin mirar, con un saludo tácito hacia las viejas amigas. En el Partenón, la sabiduría de Ictino se me reveló doble: la perfección del templo, la maestría de su ubicación en el paisaje. ¡El mar que se ve desde la Acrópolis! ¿Por dónde andaba la barca de velas negras que precipitó al viejo Egeo? Y este regalo inesperado: los tomates más ricos que he comido.

Por la noche, me quedé una o dos horas en la terraza del hotel: el Partenón, iluminado *a giorno*. (¿Sabía yo que sus piedras eran de un amarillo crudo? Pero, ¿cuántas cosas no sabía? Me dormí a la espera de visiones influidas por la jornada. No fue así. Soñé los caminos de que se vale Dios para alimentar el espíritu.

Por canales de acrílico (yo no había visto vasos ni tubos de acrílico), amables corpúsculos de luz me llegaban hasta el pecho, en una blanda continuidad de oferta; me pareció un dulce y supletorio sistema cardiovascular, que distribuía gracia. A la vez (Dios no se veía, pero era seguro que estaba), fibrillas que despedían chispas del verbo me transmitían noticias ilustres del espacio y del silencio. La voz de las muchedumbres había cesado. Y todos esos tomines de polvo redentor quedaban en mí, rodeado de una diafanidad, de una paz que nunca hallaré en la vigilia.

Durante el desayuno se lo conté a mi mujer, pero ella (que habría sido mártir en tiempos de persecución religiosa) se limitó a sonreír.

¡Qué hemos de hacerle! Dios nunca podrá ser más de lo que ya es; ni yo, por más redundante que me vuelva, podré ser menos de lo que ya soy. De manera que un día de éstos nos encontraremos.

GASTÓN PADILLA, *Memorias de un prescindible* (1974).

Sueño del canciller

Lo que V. M. me escribe me anima a relatarle un sueño que tuve en la primavera de 1863, cuando la gravedad de la situación política había llegado a su punto máximo y no se vislumbraba salida ninguna practicable. Así las cosas, soñé esa noche (y a la mañana siguiente lo conté a mi mujer y otras personas) que iba a caballo por una angosta senda alpina, bordeada a la derecha por un abismo y a la izquierda por una roca perpendicular. La senda fue haciéndose cada vez más estrecha, hasta el punto de que el caballo se negó a seguir adelante, resultando también imposible, por falta de sitio, dar la vuelta o apearme. En este apuro, golpeé con la fusta que empuñaba con mi mano izquierda la roca vertical y lisa, invocando el nombre de Dios. La fusta se alargó infinitamente, cayó la roca y apareció ante mis ojos un amplio camino, al fondo del cual se extendía un bello paisaje de colinas y bosques, semejante al de Bohemia, por el que avanzaba un ejército prusiano con sus banderas desplegadas. Al mismo tiempo, me preguntaba cómo podría comunicar rápidamente tal suceso a V. M. Desperté contento y fortificado. El sueño llegó a cumplirse[1].

> BISMARCK a Guillermo I, 18 de diciembre de 1881.

---

1. En 1863 fue la revuelta polaca; en noviembre, la muerte de Federico VII de Dinamarca puso nuevamente en las carpetas europeas la cuestión del Schleswig-Holstein; en 1866 fue la guerra «relámpago» de siete semanas contra Austria.

Sueña Alonso Quijano

El hombre se despierta de un incierto
sueño de alfanjes y de campo llano
y se toca la barba con la mano
y se pregunta si está herido o muerto.

¿No lo perseguirán los hechiceros
que han jurado su mal bajo la luna?
Nada. Apenas el frío. Apenas una
dolencia de sus años postrimeros.

El hidalgo fue un sueño de Cervantes
y Don Quijote un sueño del hidalgo.
El doble sueño los confunde y algo

está pasando que pasó mucho antes.
Quijano duerme y sueña. Una batalla:
los mares de Lepanto y la metralla.

JORGE LUIS BORGES

La muerte de un presidente

Hace unos diez días me acosté muy tarde. Había estado aguardando despachos muy importantes... Muy pronto comencé a soñar. Parecía envolverme la rigidez de la muerte. Escuché sollozos sofocados, como si varias personas estuviesen llorando. En sueños abandoné el lecho y fui escaleras abajo.

El silencio era quebrado allí por idéntico sollozar, pero los dolientes eran invisibles. Caminé de habitación en habitación. Nadie había a la vista y los lamentos me salían al paso mientras caminaba.

Las salas estaban iluminadas, los objetos me eran familiares, pero ¿dónde estaba esa gente cuyos corazones parecían a punto de quebrarse por la aflicción?

Me invadieron la confusión y la alarma. ¿Qué significaba todo eso? Decidido a encontrar la causa de un estado de cosas tan chocante y misterioso, seguí hasta la Sala Oriental. Me encontré con una sorpresa perturbadora. En un catafalco se hallaba un cadáver ataviado con vestiduras funerarias. En su torno, soldados de guardia, y un gentío que miraba con tristeza el cuerpo yacente, cuyo rostro estaba oculto por un lienzo.

Otros lloraban con pena profunda.

–¿Quién ha muerto en la Casa Blanca? –pregunté a uno de los soldados.

–El presidente –me contestó–. Fue muerto por un asesino.

Anotado por WARD HILL LAMON, *jefe de policía del distrito de Columbia, quien se hallaba presente cuando Abraham Lincoln narró a un grupo de amigos, en la Casa Blanca, el sueño que había tenido unos días atrás, y unos días antes de ser baleado de muerte en un oído, en el teatro Ford de Washington, el 14 de abril de 1865, por John Wilkes Booth.*

El buen operario

Estaba el beato Antonio en oración y ayuno cuando el sueño lo venció y soñó que del cielo descendía una voz que le decía que sus méritos no eran aún comparables a los del curtidor José, de Alejandría. Emprendió Antonio la marcha y sorprendió con su respetable presencia al simple. «No recuerdo haber hecho nada bueno –declaró el curtidor–. Soy siervo inútil. Cada día, al ver rayar el sol sobre esta extendida ciudad, pienso que todos sus moradores, del mayor al menor, entrarán en el cielo por sus bondades, menos yo que por mis pecados merezco el infierno, el mismo malestar me contrista al irme a acostar, y cada vez con más vehemencia.» «En verdad, hijo mío –observó Antonio–, que tú, dentro de tu casa, como buen operario, te has ganado descansadamente el reino de Dios, en tanto que yo, como indiscreto, gasto mi soledad y aún no he llegado a tu altura.» Con todo, tornó Antonio al desierto; y en su primer sueño tornó a descender la voz de Dios: «No te angusties; estás cerca de mí. Mas no olvides que nadie puede estar seguro del propio destino ni del ajeno».

Vidas de los Padres Eremitas del Oriente.

El espejo de Viento-y-Luna

En un año, las dolencias de Kia Yui se agravaron. La imagen de la inaccesible señora Fénix gastaba sus días; las pesadillas y el insomnio, sus noches.

Una tarde un mendigo taoísta pedía limosna por la calle y proclamaba que podía curar las enfermedades del alma. Kia Yui lo hizo llamar. Dijo el mendigo: «Con medicinas no se cura su mal. Tengo algo que lo sanará si se atiene a mis indicaciones». Sacó de la manga un espejo bruñido de ambos lados que tenía una inscripción: *Precioso Espejo de Viento-y-Luna*. Agregó el mendigo: «Este espejo viene del palacio del Hada del Terrible Despertar y tiene la virtud de curar los males causados por los vientos impuros. Pero guárdese de mirar el reverso. Mañana volveré por el espejo y a felicitarlo por su mejoría». No quiso aceptar las monedas que le ofrecieron.

Kia Yui miró el anverso del espejo, tal como le había sido indicado, y lo arrojó con espanto. El espejo reflejaba su calavera. Maldijo del mendigo y quiso mirar el reverso. Desde el fondo, la señora Fénix, espléndidamente vestida, le hacía señas. Kia Yui se sintió arrebatado y atravesó el metal y cumplió el acto de amor. Fénix lo acompañó a la salida. Cuando Kia Yui se despertó, el espejo estaba al revés y le mostraba de nuevo la calavera. Agotado por las delicias del lado falaz del espejo, Kia Yui no resistió a la tentación de mirarlo una vez más. La señora Fénix le hacía señas y él penetró de nuevo y satisficieron su amor. Esto ocurrió unas cuantas veces. La última, dos hombres lo apresaron al salir y lo encadenaron. «Los seguiré –murmuró–, pero déjenme llevar el espejo.» Fueron sus últimas palabras. Lo hallaron muerto, sobre la sábana manchada.

Tsao Hsue-king, *Sueño del aposento rojo (c. 1754).*

El sueño de Melania

Yo iba por la nieve, creo, en un carro arrastrado por caballos. La luz era ya sólo un punto; me parecía que se acababa. La Tierra se había salido de la órbita y nos alejábamos más y más del Sol. Pensé: «Es la vida que se apaga». Cuando desperté, mi cuerpo estaba helado. Pero hallé consuelo porque un piadoso cuidaba de mi cadáver.

GASTÓN PADILLA, *Memorias de un prescindible* (1974).

El sueño del Juicio Final
o El sueño de las calaveras [1606]

AL CONDE DE LEMOS, PRESIDENTE DE INDIAS

A manos de vuecelencia van estas desnudas verdades, que buscan no quien las vista, sino quien las consienta; que a tal tiempo hemos venido, que con ser tan sumo bien, hemos de rogar con él. Prométese seguridad en ellas solas. Viva vuecelencia para honra de nuestra edad.

Don Francisco Gómez de Quevedo Villegas

DISCURSO

Los sueños, señor, dice Homero que son de Júpiter[1] y que él los envía; y en otro lugar, que se han de creer[2]. Es así, cuando tocan en cosas importantes y piadosas, o las sueñan reyes y grandes señores, como se colige del doctísimo y admirable Propercio en estos versos:

Nec tu sperne piis venientia somnia portis:
Quum pia venerunt somnia, pondus habent[3].

Dígolo a propósito que téngolo por caído del cielo uno que yo tuve estas noches pasadas, habiendo cerrado los ojos con el libro del beato Hipólito, de la *Fin del mundo y segunda venida de Cristo,* lo cual fue causa de soñar que vía el Juicio final.

Y aunque en casa de un poeta es cosa dificultosa creer que haya cosa de juicio (aun por sueños), le hubo en mí

1. *Ilíada,* I, 62.
2. *Odisea,* XIX, 562 y ss.; *Eneida,* VI, 894 y ss.
3. *Elegías,* IV, 7.

por la razón que da Claudiano en la prefación del libro segundo del *Rapto*, diciendo que todos los animales sueñan
de noche cosas de lo que trataron de día. Y Petronio Ár-
bitro dice:

> *Et canis in somnis leporis vestigia latrat*[4].

Y hablando de los jueces:

> *Et pavido cernit inclusum corde tribunal*[5].

Parecióme, pues, que vivía un mancebo que, discurriendo por el aire, daba voz de su aliento a una trompeta,
afeando en parte con la fuerza su hermosura. Halló el son
obediencia en los mármoles y oídos en los muertos; y así,
al punto comenzó a moverse toda la tierra, y a dar licen-
cia a los güesos que anduviesen unos en busca de otros.
Y pasando tiempo (aunque fue breve), vi a los que habían
sido soldados y capitanes levantarse de los sepulcros
con ira, juzgándola por seña de guerra; a los avarientos, con
ansias y congojas, recelando algún rebato; y los dados a
vanidad y gula, con ser áspero el son, lo tuvieron por cosa
de sarao o caza.

Esto conocía yo en los semblantes de cada uno, y no vi
que llegase el ruido de la trompeta a oreja que se persua-
diese que era cosa de juicio. Después noté de la manera
que algunas almas huían, unas con asco y otras con miedo, de sus antiguos cuerpos; y diome risa ver la diversi-
dad de figuras y admiróme la providencia de Dios en que,
estando barajados unos con otros, nadie por yerro de

4. *Satiricón*, CIV.
5. *Satiricón*, CIV.

cuenta se ponía las piernas ni los miembros de los vecinos. Sólo en un cementerio me pareció que andaban des-
trocando cabezas, y que vi a un escribano que no le venía
bien el alma y quiso decir que no era suya para descartar-
se de ella.

Después, ya que a noticia de todos llegó que era el día
del Juicio, fue de ver cómo los lujuriosos no querían que
los hallasen sus ojos, por no llevar al tribunal testigos
contra sí; los maldicientes, las lenguas; los ladrones y matadores gastaban los pies en huir de sus mismas manos.
Y volviéndome a un lado, vi un avariento que estaba pre-
guntando a uno (que por haber sido embalsamado y estar lejos sus tripas no hablaba, porque aún no habían llegado) si pues habían de resucitar aquel día todos los
enterrados, sí resucitarían unos bolsones suyos.

Riérame, si no me lastimara a otra parte el afán con que
una gran chusma de escribanos andaban huyendo de sus
orejas, deseando no las llevar, por no oír lo que esperaban;
mas solos fueron sin ellas los que acá las habían perdido por
ladrones; que por descuido no fueron todos. Pero lo que
más me espantó fue ver los cuerpos de dos o tres mercade-
res que se habían calzado las almas del revés, y tenían todos
los cinco sentidos en las uñas de la mano derecha.

Yo veía todo esto de una cuesta muy alta, al punto que
oigo dar voces a mis pies que me apartase; y no bien lo
hice, cuando comenzaron a sacar la cabeza muchas mujeres hermosas, llamándome descortés y grosero porque
no había tenido más respeto a las damas (que aun en el
infierno están las tales sin perder esta locura). Salieron
fuera, muy alegres de verse gallardas y desnudas entre
tanta gente que las mirase, aunque luego, conociendo que
era el día de la ira, y que su hermosura las estaba acusan-
do en secreto, comenzaron a caminar al valle con pasos

más entretenidos. Una que había sido casada siete veces, iba trazando disculpas para todos los maridos. Otra de ellas, que había sido pública ramera, por no llegar al valle no hacía sino decir que se le habían olvidado dos muelas y una ceja, y volvía y deteníase; pero al fin llegó a vista del teatro, y fue tanta la gente de los que había ayudado a perder y que señalándola daban gritos contra ella, que se quiso esconder entre una caterva de corchetes, pareciéndole que aquélla no era gente de cuenta aun en aquel día.

Divirtióme de esto un gran ruido que por la orilla de un río venía de gente en cantidad tras un médico, que después supe que lo era en la sentencia. Eran hombres que había despachado sin razón antes de tiempo, por lo cual se habían condenado, y venía por hacerle que pareciese, y al fin, por fuerza le pusieron delante del trono. A mi lado izquierdo oí como ruido de alguno que nadaba, y vi un juez, que lo había sido, que estaba en medio de un arroyo lavándose las manos, y esto hacía muchas veces. Lleguéme a preguntarle por qué se lavaba tanto; y díjome que en vida, sobre ciertos negocios, se las había untado, y que estaba porfiando allí por no parecer con ellas de aquella suerte delante de la universal residencia.

Era de ver una legión de espíritus malos con azotes, palos y otros instrumentos, cómo traían a la audiencia una muchedumbre de taberneros, sastres, zapateros y libreros, que de miedo se hacían sordos, y aunque habían resucitado, no querían salir de las sepulturas. En el camino por donde pasaban, al ruido, sacó un abogado la cabeza y preguntóles que adónde iban; y respondiéronle «que al justo Juicio de Dios, que era llegado».

A lo cual, metiéndose más adentro, dijo:

–Esto me ahorraré de andar después, si he de ir más abajo.

Iba sudando un tabernero de congoja, tanto que, cansado, se dejaba caer a cada paso, y a mí me pareció que le dijo un demonio:

–Harto es que sudéis el agua y no nos la vendáis por vino.

Uno de los sastres, pequeño de cuerpo, redondo de cara, malas barbas y peores hechos, no hacía sino decir:

–¿Qué pude hurtar yo, si andaba siempre muriéndome de hambre?

Y los otros le decían (viendo que negaba haber sido ladrón) que qué cosa era despreciarse de su oficio.

Toparon con unos salteadores y capeadores públicos que andaban huyendo unos de otros, y luego los diablos cerraron con ellos, diciendo que los salteadores bien podrían entrar en el número, porque eran a su modo sastres silvestres y monteses, como gatos de campo. Hubo pendencia entre ellos sobre afrentarse los unos de ir con los otros; y al fin, juntos llegaron al valle.

Tras ellos venía la locura en una tropa, con sus cuatro costados: poetas, músicos, enamorados y valientes, gente en todo ajena de este día. Pusiéronse a un lado, donde se estaban mirando los sayones judíos y los filósofos. Decían juntos viendo a los sumos pontífices en sillas de gloria:

–Diferentemente se aprovecharon de las narices los papas que nosotros, pues con diez varas de ellas no olimos lo que traíamos entre manos.

Andaban contándose dos o tres procuradores las caras que tenían, y espantábanse que les sobrasen tantas, habiendo vivido tan descaradamente. Al fin vi hacer silencio a todos.

Hacíale también un silenciero de catedral, con más peluca que perro lanudo, dando tales golpes con su bastón campanilo, que acudieron a ellos más de mil calóndrigos, no poco racioneros, sacristanes y dominguillos, y hasta un obispo, un arzobispo y un inquisidor, trinidad profana y profanadora que se arañaba por arrebatarse una buena conciencia que acaso andaba por allí distraída buscando a quien bien le viniese.

El trono era obra donde trabajaron la omnipotencia y el milagro.

Dios estaba vestido de sí mismo, hermoso para los santos y enojado para los perdidos; el sol y las estrellas colgando de su boca, el viento tullido y mudo, el agua recostada en sus orillas, suspensa la tierra, temerosa en sus hijos, de los hombres.

Algunos amenazaban al que les enseñó con su mal ejemplo peores costumbres. Todos en general pensativos: los justos, en qué gracias darían a Dios, cómo rogarían por sí, y los malos, en dar disculpas.

Andaban los ángeles custodios mostrando en sus pasos y colores las cuentas que tenían que dar de sus encomendados, y los demonios repasando sus copias, tarjas y procesos. Al fin, todos los defensores estaban de la parte de adentro, y los acusadores de la de afuera. Estaban los diez mandamientos por guardas de una puerta tan angosta, que los que estaban a puros ayunos flacos, aún tenían algo que dejar en la estrechura.

A un lado estaban juntas las desgracias, peste y pesadumbres, dando voces contra los médicos. Decía la peste que ella los había herido; pero que ellos los habían despachado. Las pesadumbres, que no habían muerto ninguno sin ayuda de los doctores; y las desgracias, que todos los que habían enterrado habían ido por entrambos.

Con esto los médicos quedaron con cargo de dar cuenta de los difuntos; y así, aunque los necios decían que ellos habían muertos más, se pusieron los médicos con papel y tinta en un alto con arancel, y en nombrando la gente, luego salía uno de ellos, y en alta voz decía:

–Ante mí pasó, a tantos de tal mes...

Comenzóse la cuenta por Adán, y por que se vea si iba estrecha, hasta de una manzana le pidieron cuenta tan rigurosa, que le oí decir a Judas:

–¿Qué tal la daré yo, que le vendí al mismo dueño un cordero?

Pasaron todos los primeros padres, vino el Testamento nuevo, pusiéronse en sus sillas al lado de Dios los apóstoles todos con el santo Pescador. Luego llegó un diablo y dijo:

–Éste es el que señaló con toda la mano al que San Juan con un dedo, que fue el que dio la bofetada a Cristo.

Juzgó el mismo su causa, y dieron con él en los entresuelos del mundo.

Era de ver cómo se entraban algunos pobres entre media docena de reyes que tropezaban con las coronas, viendo entrar las de los sacerdotes tan sin detenerse.

Asomaron sus cabezas Herodes y Pilatos, y cada uno conocía en el Juez, aunque glorioso, su ira. Decía Pilatos:

–Esto merece quien se dejó gobernar por judigüelos.

Y Herodes:

–Yo no puedo ir al cielo, pues al limbo no se querrán fiar más de mí los inocentes con las nuevas que tienen de eso otros. Ello es fuerza de ir al infierno, que en fin es posada conocida.

Llegó en esto un hombre desaforado, lleno de ceño; y alargando la mano, dijo:

–Ésta es la carta de examen.

Admiráronse todos: preguntaron los porteros que quién era; y él, en altas voces, respondió:

–Maestro de esgrima examinado y de los más ahigada-
dos hombres del mundo; y porque lo crean, vean aquí los
testimonios de mis hazañas.

Y fue a sacarlos del seno con tanta prisa y cólera, que
por mostrarlos se le cayeron en el suelo. Luego al punto
arremetieron dos diablos y un alguacil a levantarlos; y vi
que con mayor presteza levantó el alguacil los testimonios de los diablos. Llegó un ángel y alargó el brazo para
asirle y meterle; y él, retirándose, alargó el suyo, y dando
un salto, dijo:

–Ésta de puño es irreparable, y pues enseñó a matar,
bien puedo pretender que me llamen Galeno; que si mis
heridas anduvieran en mula, pasaran por médicos malos;
si me queréis probar, yo daré buena cuenta.

Riéronse todos, y un fiscal algo moreno le preguntó
qué nuevas tenía de su alma. Pidiéronle cuentas de no sé
qué cosas, y respondió que no sabía tretas contra los enemigos de ella. Mandáronle que se fuese por línea recta al
infierno, a lo cual replicó diciendo: que le debían de tener
por diestro de los del libro matemático, que él no sabía
qué era línea recta. Hiciéronselo aprender, y diciendo
«Entre otro», se arrojó.

Y llegaron unos despenseros a cuentas (y no rezándo-
las), y en el ruido con que venía la trulla, dijo un ministro:

–Despenseros son.

Y otros dijeron:

–No son.

–Y otros:

–Sí son.

Y dioles tanta pesadumbre la palabra *sisón,* que se tur-
baron mucho. Con todo, pidieron que se les buscase su
abogado, y dijo un diablo:

–Ahí está Judas, que es apóstol descartado.

Cuando ellos oyeron esto, volviéndose a otro diablo, que no se daba manos a señalar hojas para leer, dijeron:

–Naide mire, y vamos a partido, y tomemos infinitos siglos de purgatorio.

El diablo, como buen jugador, dijo:

–¿Partido pedís? No tenéis buen juego.

Comenzó a descubrir, y ellos, en viendo que miraba, se echaron en la baraja de su bella gracia.

Pero tales voces como venían tras de un mal aventurado pastelero no se oyeron jamás de hombres hechos cuartos; y pidiéndole que declarase en qué les había acomodado sus carnes, confesó que en los pasteles; y mandaron que les fuesen restituidos sus miembros de cualquier estómago en que se hallasen. Dijéronle si quería ser juzgado y respondió que sí, a Dios y a la buena ventura. La primera acusación decía no sé qué de gato por liebre; tanto de güesos, y no de la misma carne, sino advenedizos; tanto de oveja y cabra, caballo y perro; y cuando él vio que se les probaba a los pasteles haberse hallado en ellos más animales que en el arca de Noé (porque en ella no hubo ratones ni moscas, y en ellos sí), volvió las espaldas y dejólos con la palabra en la boca.

Fueron juzgados los filósofos, y era de ver cómo ocupaban sus ciencias y entendimiento en hacer silogismos contra su salvación. Mas lo de los poetas fue muy de notar, que de puro locos querían hacer creer a Dios que era Júpiter, y que por él decían todas las cosas. Virgilio andaba con su *Sicelides musae*[6], diciendo que era el nacimiento de Cristo; mas saltó un diablo, y dijo no sé qué de Mecenas y Otavia, y que había mil veces adorado unos cuernecillos suyos, que no los traía por ser día de fiesta: contó no sé qué

---

6. Primeras palabras de la misteriosa Égloga IV de Virgilio.

cosas. Y en fin, llegando Orfeo (como más antiguo) a hablar por todos, le mandaron que volviese otra vez a hacer el experimento de entrar en el infierno para salir; y a los demás, por hacerle camino, que le acompañasen.

Llegó tras ellos un avariento a la puerta, y fue preguntado qué quería, diciéndole que los diez mandamientos guardaban aquella puerta de quien no los había guardado; y él dijo que en cosas de guardar era imposible que hubiese pecado. Leyó el primero: *Amar a Dios sobre todas tas cosas;* y dijo que él sólo aguardaba a tenerlas todas para amar a Dios sobre ellas. *No jurar su santo nombre en vano;* dijo que él, aun jurando falsamente, siempre había sido por muy grande interés; y que, así, no había sido en vano. *Guardar las fiestas;* éstas, y aun los días de trabajo, guardaba y escondía. *Honrar padre y madre:* «Siempre les quité el sombrero». *No matar;* por guardar esto no comía, por ser matar la hambre comer. *No fornicar:* «En cosas que cuestan dinero, ya está dicho». *No levantar falso testimonio.*

–Aquí –dijo un diablo– es el negocio, avariento; que si confiesas haberle levantado, te condenas, y si no, delante del Juez te le levantarás a ti mismo.

Enfadóse el avariento, y dijo:

–Si no he de entrar, no gastemos tiempo.

Que hasta aquello rehusó de gastar. Convencióse con su vida, y fue llevado adonde merecía.

Entraron en esto muchos ladrones, y salváronse de ellos algunos ahorcados. Y fue de manera el ánimo que tomaron los escribanos que estaban delante de Mahoma, Lutero y Judas (viendo salvar ladrones), que entraron de golpe a ser sentenciados, de que les tomó a los diablos muy gran risa.

Los ángeles de la guarda comenzaron a esforzarse y a llamar por abogados a los evangelistas. Dieron principio

a la acusación los demonios, y no la hacían en los procesos que tenían hechos de sus culpas, sino con los que ellos
habían hecho en esta vida. Dijeron lo primero:

–Éstos, Señor, la mayor culpa es ser escribanos.

Y ellos respondieron a voces (pensando que disimula-
rían algo) que no eran sino secretarios.

Los ángeles abogados comenzaron a dar descargo.

Unos decían:

–Son bautizados y miembros de la Iglesia.

No tuvieron mucho de ellos que decir otra cosa, que se
acabó en:

–Es hombre, y no lo harán otra vez, y alcen el dedo.

Al fin se salvaron dos o tres, y a los demás dijeron los
demonios:

–Ya entienden.

Hiciéronles del ojo, diciendo que importaban allí para
jurar contra cierta gente.

Y viendo ellos que por ser cristianos les daban más penas que a los gentiles, alegaron que el ser cristianos no era
su culpa, que los bautizaron cuando eran niños, y que los
padrinos las tenían.

Digo en verdad que vi a Mahoma, a Judas y a Lutero
tan cerca de atreverse a entrar en juicio, animados con ver
salvar a un escribano, que me espanté de que no lo hicie-
sen. Y sólo se los estorbó un médico, porque forzado de
los demonios y los que le habían traído, parecieron él, un
boticario y un barbero, a los cuales dijo un diablo que tenía las copias:

–Ante este doctor han pasado los más difuntos, con
ayuda de este boticario y barbero, y a ellos se les debe
gran parte de este día.

Alegó un ángel por el boticario, que daba recaldo de
balde a los pobres; pero dijo un demonio que hallaba por

la cuenta que habían sido más dañosos dos botes de su tienda que diez mil de pica en la guerra, porque todas sus medicinas eran espurias, y que con esto había hecho liga con una peste y destruido dos lugares.

El médico se disculpaba con él, y al fin el boticario se desapareció, y el médico y el barbero andaban a daca mis muertes y toma las tuyas. Fue condenado un abogado porque tenía todos los derechos con corcovas; quedó descubierto un hombre que estaba detrás de éste a gatas porque no lo viesen, y preguntado quién era, dijo que cómico; pero un diablo, muy enfadado, replicó:

–Farandulero es, Señor, y pudiera haber ahorrado aquesta venida sabiendo lo que hay.

Juró de irse, y fuese al infierno sobre su palabra.

En esto dieron con muchos taberneros en el puesto, y fueron acusados de que habían muerto mucha cantidad de sed a traición, vendiendo agua por vino. Éstos venían confiados en que habían dado a un hospital siempre vino puro para las misas; pero no les valió, ni a los sastres decir que habían vestidos niños jesuses; y así, todos fueron despachados como siempre se esperaba.

Llegaron tres o cuatro ginoveses ricos, muy graves, pidiendo asientos, y dijo un diablo:

–¿Aun con nosotros piensan ganar en ellos? Pues esto es lo que les mata. Esta vez han dado mala cuenta, y no hay donde se asienten, porque ha quebrado el banco de su crédito.

Y volviéndose a Dios, dijo un diablo:

–Todos los demás hombres, Señor, dan cuenta cada uno de lo que es suyo; mas éstos de lo ajeno y todo.

Pronuncióse sentencia contra ellos: yo no la oí bien, pero ellos se desaparecieron.

Vino un caballero tan derecho, que al parecer quería

competir con la misma justicia que le aguardaba; hizo
muchas reverencias a todos, y con la mano una ceremonia usada de los que beben en charco. Traía un cuello tan
grande, que no se le echaba de ver si tenía cabeza. Pre-
guntóle un portero, de parte de Dios, que si era hombre; y
él respondió con grandes cortesías que sí, y que por más
señas se llamaba don Fulano, a fe de caballero. Rióse un
diablo, y dijo:

–De cudicia es el mancebo para el infierno.

Preguntáronle qué pretendía y respondió:

–Ser salvado.

Y fue remitido a los diablos para que le moliesen; y él
sólo reparó en que le ajarían el cuello. Entró tras él un
hombre dando voces, y decía:

–Aunque las doy, no traigo mal pleito; que a cuantos
santos hay en el cielo, o a lo menos a los más, he sacudido
el polvo.

Todos esperaron ver un Diocleciano o Nerón, por lo de
sacudir el polvo, y vino a ser un sacristán que azotaba los
retablos; y se había ya con esto puesto en salvo, sino que
dijo un diablo que se bebía el aceite de las lámparas y
echaba las culpas a unas lechuzas, por lo cual habían
muerto sin ella; que pellizcaba de los ornamentos para
vestirse; que heredaba en vida las imágenes, y que toma-
ba alforzas a los oficios.

No sé qué descargo se dio, que le enseñaron el camino
de la mano izquierda.

Dando lugar unas damas alcorzadas, que comenzaron
a hacer melindres de las malas figuras de los demonios,
dijo un ángel a Nuestra Señora que habían sido devotas
de sus nombres aquéllas; que las amparase. Y replicó un
diablo que también fueron enemigas de su castidad.

–Sí por cierto –dijo una que había sido adúltera.

Y el demonio la acusó que había tenido un marido en ocho cuerpos; que se había casado de por junto en uno para mil. Condenóse esta sola, y iba diciendo:

–Ojalá yo supiera que me había de condenar, que no hubiera oído misa los días de fiesta.

En esto, que era todo acabado, quedaron descubiertos Judas, Mahoma y Martín Lutero; y preguntado un diablo cuál de los tres era Judas, Lutero y Mahoma dijeron cada uno que él; y corrióse Judas tanto, que dijo en altas voces:

–Señor, yo soy Judas, y bien conocéis vos que soy mucho mejor que éstos, porque si os vendí remedié al mundo, y éstos, vendiéndose a sí y a vos, lo han destruido todo.

Fueron mandados quitar de delante; y un ángel que tenía la copia halló que faltaban por juzgar los alguaciles y corchetes. Llamáronlos, y fue de ver que asomaron al puesto muy tristes, y dijeron:

–Aquí lo damos por condenado; no es menester nada.

No bien lo dijeron cuando cargado de astrolabios y globos entró un astrólogo dando voces y diciendo que se habían engañado, que no había de ser aquel día el del Juicio, porque Saturno no había acabado sus movimientos, ni el de crepitación el suyo. Volvióse un diablo, y viéndole tan cargado de madera y papel, le dijo:

–Ya os traéis la leña con vos, como si supiérades que de cuantos cielos habéis tratado en vida, estáis de manera, que por la falta de uno solo, en muerte, os iréis al infierno.

–Eso no iré yo –dijo él.

–Pues llevaros han.

Con esto se acabó la residencia y tribunal.

Huyeron las sombras a su lugar, quedó el aire con nuevo aliento, floresció la tierra, viose el cielo, y Cristo subió consigo a descansar en sí los dichosos, por su pasión. Yo me quedé en el valle, y discurriendo por él, oí mucho ruido y quejas en la tierra.

Lleguéme por ver lo que había, y vi en una cueva honda (garganta del Averno) penar muchos, y entre otros un letrado, revolviendo no tanto leyes como caldos, y un escribano, comiendo solo letras que no habían querido leer en esta vida. Todos los ajuares del infierno, y las ropas y tocados de los condenados, estaban allí prendidos, en vez de clavos y alfileres, con alguaciles; un avariento, contando más duelos que dineros; un médico penando en un orinal, y un boticario en una jeringa.

Diome tanta risa ver esto, que me despertaron las carcajadas; y fue mucho quedar de tan triste sueño más alegre que espantado.

Sueños son éstos, señor, que si se duerme vuecelencia sobre ellos, verá que por ver las cosas como las veo, las esperará como las digo.

FRANCISCO DE QUEVEDO, *Sueños y discursos de verdades descubridoras de abusos, vicios y engaños de los oficios y estados del mundo* (1627).

El sueño y el hado

Creso expulsó a Solón de Sardes porque el famoso sabio despreciaba los bienes terrenales y sólo atendía al fin último de las cosas. Creso se creyó el más feliz de los hombres. Los dioses decidieron su castigo.

Soñó el rey que su bravo hijo Atis moriría de herida producida por punta de hierro. Mandó guardar lanzas, dardos y espadas en los cuartos destinados a las mujeres y decidió la boda de su hijo. En eso estaban cuando llegó un hombre con las manos tintas en sangre: Adrastro, frigio de sangre real, hijo de Midas. Pidió asilo y purificación, pues involuntariamente había dado muerte a un hermano y había sido expulsado de entre los suyos. Creso le otorgó ambas mercedes.

Entonces apareció en Misia un terrible jabalí que todo lo destrozaba. Aterrados, los misios pidieron a Creso que enviara al valiente Atis y otros jóvenes, pero el rey explicó que su hijo era recién casado y debía atender sus asuntos privados. Atis lo supo y le rogó que no lo humillara. Creso le contó el sueño. «Entonces –dijo Atis–, nada debemos temer, pues los dientes de jabalí no son de hierro.»

Convino el padre y pidió a Adrastro que acompañase a su hijo, a lo que el frigio asintió, no obstante su luto, por lo obligado que estaba con Creso. Durante la cacería, Adrastro, tratando de lancear al jabalí, dio muerte a Atis. Creso aceptó el destino que el hado le había adelantado en sueños y perdonó a Adrastro; pero éste se degolló sobre la sepultura del infortunado príncipe. Así lo cuenta Herodoto en el primero de los *Nueve libros de la historia*.

El alma, el sueño, la realidad

Se supone que, de hecho, el alma de un durmiente se aleja errante de su cuerpo y visita los lugares, ve las personas y verifica los actos que él está soñando. Cuando un indio del Brasil o las Guayanas sale de un sueño profundo, está convencido firmemente de que su alma ha estado en realidad cazando, pescando, talando árboles o cualquier otra cosa que ha soñado, mientras su cuerpo estuvo tendido e inmóvil en la hamaca. Un poblado entero bororo se aterrorizó y estuvo a punto de emigrar por uno de ellos que soñó que los enemigos se aproximaban sigilosamente. Un macusi de quebrantada salud que soñó que su patrón lo había hecho subir la canoa por una serie de difíciles torrenteras, a la mañana le reprochó amargamente su falta de consideración hacia un pobre inválido. Los indios del Gran Chaco cuentan relatos increíbles de cosas que han visto y oído, y los forasteros los declaran grandes embusteros; pero los indios están firmemente convencidos de la verdad de sus relatos, pues esas maravillosas aventuras son sencillamente lo que sueñan y no saben distinguirlo de lo que sucede cuando están despiertos.

Cuando un dayako sueña que ha caído al agua pide al hechicero que pesque al espíritu con una red de mano, lo meta en un recipiente y se lo devuelva. Los santals cuentan del hombre que se durmió y soñó tanta sed que su alma en forma de lagarto dejó el cuerpo y se metió en una vasija para beber; pero el dueño de la vasija lo tapó, y el hombre, impedido de recuperar su alma, murió. Se preparaban para el entierro cuando alguien destapó la vasija y el lagarto escapó, se reintegró al cadáver, y el muerto resucitó. Dijo que había caído en un pozo en busca de agua y que había tenido dificultades para volver; así lo entendieron todos.

JAMES GEORGE FRAZER, *La rama dorada* (1890).

No hay oficio despreciable

Un santo varón pidió a Dios que le revelara quién iba a ser su compañero en el Paraíso. La respuesta vino en sueños: «El carnicero de tu barrio». El hombre se afligió sobremanera por tan vulgar e indocto personaje. Hizo ayuno y tornó a pedir, en oración. El sueño se reiteró: «El carnicero de tu barrio». Lloró el piadoso, oró y rogó. Nuevamente lo visitó el sueño: «En verdad que si no fueras tan piadoso, serías castigado. ¿Qué hallas de despreciable en un hombre cuya conducta desconoces?». Fue a ver al carnicero y le preguntó por su vida. El otro le dijo que repartía sus ganancias entre los pobres y las necesidades de su casa y convino en que esto muchos lo hacían; recordó entonces que una vez redimió a una cautiva de la soldadesca a cambio de un gran esfuerzo de dinero. La educó y la halló apropiada para darla en matrimonio a su único hijo, cuando llegó un joven forastero que se veía angustiado y que manifestó que había soñado que allí se hallaba su prometida desde niña, la que había sido secuestrada por unos soldados. Sin vacilar, el carnicero le entregó a la joven. «¡Verdaderamente eres un hombre de

Dios!», dijo el santo curioso y soñador. En las entretelas de su alma, deseó verse una vez más con Dios, para agradecerle en sueños el buen compañero que le había sido destinado para la eternidad. Dios fue parco: «No hay oficio despreciable, amigo mío».

RABÍ NISIM, *Hibbur Yafé Mehayeschua.*

Inferno V

En las altas horas de la noche, desperté de pronto a la orilla de un abismo anormal. Al borde de mi cama, una falla geológica cortada en piedra sombría se desplomó en semicírculos, desdibujada por un tenue vapor nauseabundo y un revuelo de aves oscuras. De pie sobre su cornisa de escorias, casi suspendido en el vértigo, un personaje irrisorio y coronado de laurel me tendió la mano invitándome a bajar.

Yo rehusé amablemente, invadido por el terror nocturno, diciendo que todas las expediciones hombre adentro acababan siempre en superficial y vana palabrería.

Preferí encender la luz y me dejé caer otra vez en la profunda monotonía de los tercetos, allí donde una voz que habla y llora al mismo tiempo, me repite que no hay mayor dolor que acordarse del tiempo feliz en la miseria.

JUAN JOSÉ ARREOLA, *Confabulario total* (1962).

Entresueño

Presencio la noche violentada

El aire está cribado
como un encaje
por los escopetazos
de los hombres
retraídos
en las trincheras
como los caracoles en su concha

Me parece
que un jadeante
enjambre de picapedreros
golpea el empedrado
de piedras de lava
de mis calles
y lo escucho
sin ver
en el entresueño

GIUSEPPE UNGARETTI, *El puerto sepultado* (1919).

Pirandelliana

Una dama ve en sueños a su amante. Primero es una pesadilla poblada de celos. Después, una noche en que advierte que lo ama. Por último, el amante se dispone a regalarle un collar de brillantes; pero una mano desconocida (que es la del anterior amante de la mujer, enriquecido con sus plantaciones) sustrae el collar: el amante, en un arrebato de celos, estrangula a la dama. Ella despierta y una camarera le alcanza un estuche con un collar de diamantes: es el del sueño. En esto llega el amante, le manifiesta su preocupación por no haberle podido comprar el collar, toda vez que ha sido vendido, y le pregunta qué otra cosa podría regalarle.

Argumento de *Sogno ma forse no* (1920), de Luigi Pirandello.

Sueño parisién

Esta mañana todavía me maravilla la imagen viva y lejana del terrible paisaje que jamás vieran ojos mortales.

¡El sueño está lleno de milagros! Por singular capricho había desterrado del espectáculo al irregular vegetal, y, pintor orgulloso de mi genio, saboreaba en la tela la embriagadora monotonía del metal, el mármol y el agua.

Lleno de fuentes y cascadas que caían sobre el oro mate o bruñido, era un palacio infinito, babel de arcadas y escaleras. Cortinas de cristal, las pesadas cataratas se suspendían deslumbrantes de las murallas metálicas.

No árboles sino columnatas rodeaban los estanques dormidos, donde gigantescas náyades se miraban como mujeres.

Entre muelles rosas y verdes, durante millones de leguas, las aguas azules se expandían hasta los confines del universo. Había piedras insólitas, olas mágicas; había espejos deslumbrados por cuanto reflejaban.

Desde el firmamento, ríos taciturnos y descuidados vertían el tesoro de sus urnas en abismos de diamante.

Arquitecto de mis sortilegios, bajo un túnel de pedrería hacía pasar a mi antojo un océano domado. Y todo: hasta el color negro parecía bruñido, claro, irisado: el agua engarzaba su gloria en el rayo de cristal.

Ningún astro hasta los confines del cielo, ningún resto de sol que iluminase los prodigios de fuego propio.

Y sobre estas móviles maravillas (atroz detalle: ¡todo para los ojos, nada para los oídos!) flotaba un silencio de eternidad...

CHARLES BAUDELAIRE, *Las flores del mal* (1857).

El sueño de Coleridge

El fragmento lírico *Kubla Khan* (cincuenta y tantos versos rimados e irregulares, de prosodia exquisita) fue soñado por el poeta inglés Samuel Taylor Coleridge en uno de los días del verano de 1797. Coleridge escribe que se había retirado a una granja en el confín de Exmoor; una indisposición lo obligó a tomar un hipnótico; el sueño lo venció momentos después de la lectura de Purchas, que refiere la edificación de un palacio por Kublai Khan, el emperador cuya fama occidental labró Marco Polo. En el sueño de Coleridge, el texto casualmente leído procedió a germinar y a multiplicarse; el hombre que dormía intuyó una serie de imágenes visuales, y, simplemente, de palabras que las manifestaban; al cabo de unas horas se despertó con la certidumbre de haber compuesto, o recibido, un poema de unos trescientos versos. Los recordaba con singular claridad y pudo terminar el fragmento que figura en sus obras. Una visita inesperada lo interrumpió y le fue imposible, después, recordar el resto. «Descubrí con no pequeña sorpresa y mortificación –cuenta Coleridge–, que si bien retenía de un modo vago la forma general de la visión, todo lo demás, salvo unas ocho o diez líneas sueltas, había desaparecido como las imágenes en la superficie de un río en el que se arroja una piedra, pero, ay de mí, sin la ulterior restauración de estas últimas.» Swinburne sintió que lo rescatado era el más alto ejemplo de la música del inglés y que el hombre capaz de analizarlo podría (la metáfora es de John Keats) destejer un arco iris. Las traducciones o resúmenes de poemas cuya virtud fundamental es la música son vanas y pueden ser perjudiciales: bástenos retener, por ahora, que a Coleridge le fue dada *en un sueño* una página de no discutido esplendor. Oyó una música; supo que la música levantaba un palacio; vio erigirse el palacio y oyó las palabras del poema.

El caso, aunque extraordinario, no es único. En el estudio psicológico *The World of Dreams,* Havelock Ellis lo ha equiparado con el del violinista y compositor Giuseppe Tartini, que soñó que el Diablo (su esclavo) ejecutaba en el violín una prodigiosa sonata; el soñador, al despertar, dedujo de su imperfecto recuerdo el *Trillo del Diavolo.* Otro clásico ejemplo de cerebración inconsciente es el de Robert Louis Stevenson, a quien un sueño (según él mismo ha referido en su *Chapter on Dreams)* le dio el argumento de *Olalla* y otro, en 1884, el de *Jekyll & Hyde.* Tartini quiso imitar en la vigilia la música de un sueño; Stevenson recibió del sueño argumentos, es decir, formas generales; más afín a la inspiración verbal de Coleridge es la que Beda el Venerable atribuye a Caedmon *(Historia ecclessiastica gentis Anglorum,* IV, 24).

A primera vista, el sueño de Coleridge corre el albur de parecer menos asombroso que el de su precursor. *Kubla Khan* es una composición admirable y las nueve líneas del himno soñado por Caedmon casi no presentan otra virtud que su origen onírico, pero Coleridge ya era un poeta y a Caedmon le fue revelada una vocación. Hay, sin embargo, un hecho ulterior, que magnifica hasta lo insondable la maravilla del sueño en que se engendró *Kubla Khan*. Si este hecho es verdadero, la historia del sueño de Coleridge es anterior en muchos siglos a Coleridge y no ha tocado aún a su fin.

El poeta soñó en 1797 (otros entienden que en 1798) y publicó su relación del sueño en 1816, a manera de glosa o justificación del poema inconcluso. Veinte años después apareció en París, fragmentariamente, la primera versión occidental de una de esas historias universales en que la literatura persa es tan rica, el *Compendio de historias* de Rashid ed-Din, que data del siglo XIV. En una página se lee: «Al este de Shang-tu, Kublai Khan erigió un palacio, según un plano que había visto en un sueño y que guardaba en la memoria». Quien esto escribió era visir de Ghazan Mahmud, que descendía de Kublai.

Un emperador mogol, en el siglo XIII, sueña un palacio y lo edifica conforme a la visión; en el siglo XVIII, un poeta inglés que no pudo saber que esa fábrica se derivó de un sueño, sueña un poema sobre el palacio. Confrontadas con esta simetría, que trabaja con almas de hombres que duermen y abarca continentes y siglos, nada o muy poco son, me parece, las levitaciones, resurrecciones y apariciones de los libros piadosos.

¿Qué explicación preferiremos? Quienes de antemano rechazan lo sobrenatural (yo trato, siempre, de pertenecer a ese gremio) juzgarán que la historia de los dos sueños es una coincidencia, un dibujo trazado por el azar, como las formas de leones o de caballos que a veces configuran las nubes. Otros argüirán que el poeta supo de algún modo que el emperador había soñado el palacio y

dijo haber soñado el poema para crear una espléndida
ficción que asimismo paliara o justificara lo truncado y
rapsódico de los versos[1]. Esta conjetura es verosímil,
pero nos obliga a postular, arbitrariamente, un texto no
identificado por los sinólogos en el que Coleridge pudo
leer, antes de 1816, el sueño de Kublai[2]. Mas encantadoras
son las hipótesis que trascienden lo racional. Por ejemplo, cabe suponer que el alma del emperador, destruido el
palacio, penetró en el alma de Coleridge para que éste lo
reconstruyera en palabras, más duraderas que los mármoles y los metales.

El primer sueño agregó a la realidad un palacio; el segundo, que se produjo cinco siglos después, un poema (o
principio de poema) sugerido por el palacio; la similitud
de los sueños deja entrever un plan: el período enorme
revela un ejecutor sobrehumano. Indagar el propósito de
ese inmortal o de ese longevo sería, tal vez, no menos
atrevido que inútil, pero es lícito suponer que no lo ha logrado. En 1691, el P. Gerbillon, de la Compañía de Jesús,
comprobó que del palacio de Kublai Khan sólo quedaban
ruinas; del poema nos consta que apenas se rescataron
cincuenta versos. Tales hechos permiten conjeturar que
la serie de sueños y de trabajos no ha tocado a su fin. Al
primer soñador le fue deparada en la noche la visión del
palacio y lo construyó; al segundo, que no supo del sueño
del anterior, el poema sobre el palacio. Si no marra el es-

1. A principios del siglo XIX o a fines del XVIII, juzgado por lectores de
gusto clásico, *Kubla Khan* era harto más desafortunado que ahora. En
1884, el primer biógrafo de Coleridge, Traill, pudo aún escribir: «El
extravagante poema onírico *Kubla Khan* es poco más que una curiosidad psicológica».
2. Véase John Livingston Lowes: *The Road to Xanadu*, 1927, págs. 358, 585.

quema, alguien, en una noche de la que nos apartan los
siglos, soñará el mismo sueño y no sospechará que otros
lo soñaron y le dará la forma de un mármol o de una música. Quizá la serie de los sueños no tenga fin, quizá la cla-
ve esté en el último.

Ya escrito lo anterior, entreveo o creo entrever otra explicación. Acaso un arquetipo no revelado aún a los hombres, un objeto eterno (para usar la nomenclatura de
Whitehead), esté ingresando paulatinamente en el mundo; su primera manifestación fue el palacio; la segunda,
el poema. Quien los hubiera comparado habría visto que
eran esencialmente iguales.

JORGE LUIS BORGES

Los sueños de Astiages

Tras cuarenta años de reinado murió el rey medo Ciaxares y lo sucedió en el trono su hijo Astiages. Tenía Astiages una hija llamada Mandane; soñó que ésta despedía tanta orina que cubría toda Ecbatana y toda Asia. Cuidó de que no casara con ningún medo y la dio en matrimonio al persa Cambises, hombre de buena familia, carácter pacífico y mediana condición. Volvió a soñar Astiages, y vio que del centro del cuerpo de su hija salía una parra que cubría con su sombra toda Asia. La presencia era clara: el niño lo reemplazaría. Mandó Astiages retornar a su hija y cuando ésta dio a luz entregó al niño, para que lo matara, a su pariente Hárpago. Hárpago sintió miedo y piedad y entregó el niño al vaquero Mitradates, ordenándole que lo matara. Mitradates tenía por esposa a Perra, quien acababa de parir un niño muerto. El que les habían entregado estaba vestido con lujo; decidieron el cambio, pues también sabían que era el hijo de Mandane, y así preservaban su futuro. Creció el niño y sus compañeros pastores lo proclamaron rey de sus juegos, y el niño rey se mostró inflexible. Lo supo Astiages y obligó que Mitrada-

tes le revelara su origen. Así supo la desobediencia de
Hárpago: fingió perdonarlo y lo invitó a un banquete, y le
pidió a su propio hijo como compañero de su nieto. Durante el banquete, hizo que le sirvieran asados trozos de
su hijo. Hárpago, así que lo supo, se dominó. Astiages interrogó nuevamente a sus adivinos. Le respondieron: «Si
vive, ha de reinar; pero como ya reinó entre los pastores,
no hay peligro que alcance nueva corona». Satisfecho, Astiages remitió el niño a sus verdaderos padres, quienes
quedaron felices de verlo con vida. El niño se hizo mozo
y el mozo adalid, y, con ayuda de Hárpago, destronó a Astiages y lo trató con benevolencia. Así fundó Ciro, el antiguo pastor, el imperio persa, y así lo cuenta Herodoto en
el quinto de los *Nueve libros de la historia*.

Romántica

Una vida lograda es un sueño de adolescente realizado en la edad madura.

ALFRED DE VIGNY

El pan disputado

Un musulmán, un cristiano y un judío van de viaje; agotaron sus provisiones y aún les quedan dos días de camino por el desierto. Esa noche encuentran un pan. ¿Qué hacer? Bastaría para uno, pero es poco para tres. Deciden que lo coma el que tenga el sueño más hermoso. A la mañana dijo el cristiano: «Soñé que un demonio me llevaba al infierno, al que pude apreciar en todo su horror». Dijo el musulmán: «Soñé que el ángel Gabriel me llevaba al paraíso, al que pude apreciar en todo su esplendor». Dijo el judío: «Soñé que un demonio llevaba al cristiano al infierno y que el ángel Gabriel llevaba al musulmán al paraíso, y me comí el pan».

Nuzhetol Udeba

II. Versión judía

Jesús, Pedro y Judas viajan juntos. Llegan a una posada. Hay un solo pato... Pedro: «Soñé que estaba sentado junto al hijo de Dios». Jesús: «Soñé que Pedro estaba sentado a mi lado». Judas: «Soñé que estabais sentados juntos y que me comía el pato». Los tres buscaron el pato. No había pato.

Historia Jeschuae Nazareni

Que pase

–¡Ah! ¡Muy bien! ¡Haced entrar al infinito!

LOUIS ARAGON

Entre sueños

La soberana virtud de este clima isleño[1] reside en lo que el médico de Molière llamara su «propiedad dormitiva». Sólo durmiendo es como puede uno reponerse de tanta ociosidad. El famoso precepto de la escuela salermitana *(sex horas dormire...),* aunque expresado en excelente latín de cocina, nos sabría a chiste de mal gusto. ¡Seis horas de decúbito! Admitamos el mínimum de ocho o nueve, en gracia de la pedagogía, y supuesto que no falta cada tarde su siestita de guardar. Tampoco hay que temer las consecuencias; las reservas de sueño son aquí tan inagotables como las ondas del Paraná: después de cuatro golpes de remo, a modo de hipnótico, mucho será que podáis ir tirando hasta el toque de queda. De mí sé decir que con este régimen he dominado los peores insomnios –los que trae el viento norte al amanecer– sin recurrir al remedio extremo, y siempre peligroso, de las lecturas prohibidas, quiero decir tediosas. Este ambiente vegetati-

1. Las islas del Paraná, a pocas leguas de Buenos Aires.

vo es una bendición para los nervios: paréceme a ratos que me estoy volviendo sauce...

A manera de exvoto al dios Morfeo, consagraré, pues, esta charla dominical al tema sedante que el título anuncia; y no se dirá por esta vez que no poseo mi asunto. Estudiada debidamente la materia, o sea entre duerme y vela, no resultaría tan baladí como parece. El sueño no es el paréntesis de la vida, sino una de sus fases más curiosas, como que nada en el misterio y confina en lo sobrenatural. Por eso, los poetas lo entienden mejor que los fisiólogos. En tanto que los segundos vienen discutiendo sobre si el estado cerebral, durante el sueño, corresponde a la anemia o a la congestión, sin que el problema tenga respuesta definitiva: los primeros, desde Homero hasta Tennyson, entrevén la verdad a través del prisma irisado de la ilusión. El más grande de todos ha dejado caer esta palabra profunda, que llega hasta donde no penetran sondas ni psicómetros: «Somos hechos del mismo tejido que nuestros sueños...». Y un héroe de Musset, comentando a su modo al divino Shakespeare, canta deliciosamente:

La vie est un sommeil, l'amour en est le rêve...

Pero ¡qué delicado instrumento psicológico el nuestro! ¡Qué moderna y matizada lengua, esta que, bajo el solo rótulo de *sueño,* sigue metiendo en las alforjas de Sancho toda la familia de *sommeil, somme, songe rêve, rêverie,* etc., reduciendo la gama entera a esa única nota del trombón!

No soy en extremo soñador –durmiendo, se entiende–. Suelo pasar noches consecutivas sin probar este devaneo de la «cerebración inconsciente», que para otros es sinónimo de dormir. Y como me consta que ni en actos ni en ademanes soy somnámbulo, debería admitir, según la teoría corriente, que, las más de las veces, si no me acuerdo de mis sueños, es porque no los tengo. Veremos pronto cómo también en esto hay que distinguir, siendo la realidad un poco menos simple que la teoría. Sea como fuere, he reflexionado bastante sobre esta singular disociación orgánica, que representa un como divorcio periódico del alma y del cuerpo. Acaso, en razón misma de su poca frecuencia, mis sueños conserven mayor fijeza que los de otros. De mi lejana infancia me han quedado cuatro o cinco, casi tan lúcidos como el de anteanoche, que precisamente ha sido ocasión de estas líneas y luego resumiré. Otros tengo anotados en mis cuadernos: algunos de carácter tan extraño o pavoroso que, hoy mismo, me basta releer el apunte para resucitar la sensación primitiva en su paroxismo de angustia y terror.

Además, he observado en mis prójimos, y muy de cerca a veces, los accidentes exteriores del sueño, especialmente de la pesadilla. Por cierto que mi existencia tan movida me ha suministrado materia observable. En la promiscuidad de los viajes, desde los *tambos* de Bolivia hasta los camarotes de buques y los *sleeping-cars,* he presenciado más de lo necesario los dramas y comedias de la humanidad durmiente. Pero ninguna experiencia ulterior ha sido tan completa y continua como la primera, que voy a referir por tratarse de un sujeto desaparecido. Ha sido ésta la base de mi pequeña teoría personal acerca del sueño: a ella he referido invenciblemente mis observaciones posteriores, y hasta las afirmaciones de los libros, para comprobar su exactitud. Muchos años han transcurrido, y puede que tenga hoy más aguzado el instrumento analítico; con todo, subsisten para mí los resul-

tados de aquella larga iniciación juvenil, y encuentro que
la piedra de toque no ha envejecido.

Vivía yo en Salta, hace veintitrés años, en casa de un
comerciante tucumano. Jóvenes e íntimos amigos, dor-
míamos en el mismo cuarto para charlar de cama a cama,
aunque sobraban habitaciones desocupadas en nuestro
caserón colonial, capaz de albergar cómodamente a la familia de Noé. Nos recogíamos casi siempre juntos; pues,
cuando por gran casualidad no fuera común el programa
nocherniego, el primero que caía al redil solía esperar al
otro en el vecino «Billar de Lavín». Como yo tuviese ya la
pésima costumbre de leer acostado, quedábame una o
dos horas velando el sueño de mi amigo. Éste, que despierto no rompía un plato, dormido se tornaba un *mau-
vais coucheur*. Cuando más tranquilo, roncaba como un
trompo alemán, hasta despertarse asustado por su propio trompeteo. Pero no era éste su peor exceso. Mi compañero soñaba en voz alta, padeciendo crueles pesadillas
que me tenían con el... Jesús en la boca –si así puede lla-
marse lo que con la impaciencia se me salía–. Cuando
palpé los inconvenientes de la cohabitación, era muy tarde para remediarlos. Primero me detuvo el cariño; luego
la curiosidad, o mejor dicho, un interés creciente por ese
drama cerebral que a mi vista, o si se quiere a mis oídos y
a telón bajado, se representaba, y en cuyo desempeño
pasé insensiblemente de testigo mudo a entendido cola-
borador.

No insistiré en los detalles que concuerdan con la teoría clásica, y que mi propia experiencia de varios meses
ha confirmado, limitándome a señalar los rasgos que la
contradicen abiertamente. Lo que más suele echarse de
menos en los tratados de medicina, y desde luego en la
psiquiatría –la más conjetural y arriscada de estas cien-

cias en mantillas–, es precisamente el verdadero espíritu
científico, que no se paga de *magister dixit* ni de fórmulas
convencionales. Se nos advierte, por ejemplo, que las alu-
cinaciones del gusto, y sobre todo las del olfato, son mucho más raras que las de los otros sentidos: la observación carece de alcance, supuesto que en el estado normal
las sensaciones del gusto y del olfato no son representativas: nos es imposible *imaginar* el olor del jazmín con su
carácter propio, y distinto, v. g., del de la violeta. En cuanto al gusto, cuyas sensaciones están indisolublemente
unidas a las del tacto, su vaga o supuesta representación
en el sueño ha de ser ilusoria o debida a dicha asociación.

El voluminoso tratado de Brierre de Boismont está lleno de casos pueriles, tan desnudos de crítica como los de
Lombroso; así, el clásico de la famosa sonata de Tartini
que, según decía el compositor, le fue «dictada por el Diablo». La interpretación psiquiátrica, que atribuye aquella
obra a un fenómeno de cerebración inconsciente, revela
en el sabio una potencia de credulidad igual a la del músi-
co, si no mayor: por mi parte, prefiero aún la leyenda en
bloque, con el Diablo y sus cuernos.

Más graves todavía me parecen las anécdotas relativas
al somnambulismo, y que los autores se transmiten pia-
dosamente, aunque choquen con sus propios principios
teóricos. Tal es la célebre historia del monje, traída por
Fodéré y reproducida por todos sus sucesores. Refiere un
prior de la gran Cartuja cómo cierta noche, en que que-
dara escribiendo en su celda, vio entrar a un joven religioso, tieso, con los ojos fijos y las facciones contraídas.
El somnámbulo se dirigió a la cama del prior felizmente
vacía, y hundió tres veces en ella un gran cuchillo que
traía abierto... Al día siguiente, el prior interrogó al frai-
le, y éste le refirió punto por punto la escena, agregando

que había sido impelido al crimen imaginario por un sueño en que viera a su madre asesinada por el prior...

Sin discutir el caso mismo, que puede ser real, no parece dudoso que, fuera de otros detalles evidentemente apócrifos, toda la confesión del paciente haya sido fraguada. El hombre que sigue durmiendo, después de un acceso de somnambulismo, no conserva, al despertar, memoria alguna de sus actos, mucho menos del sueño que le hubiera impulsado: la amnesia es absoluta[2]. No sucede así en los casos de pesadilla que se interrumpen bruscamente por una causa exterior, y esta diferencia, que creo fundamental, se verá confirmada por mi caso tucumano, o salteño.

No parece que la pesadilla debe distinguirse *psicológicamente* del sueño ordinario, ni acaso del somnambulismo parcial; si bien es muy sabido que, entre éste y aquélla, las diferencias patológicas quedan características. El somnambulismo espontáneo es una entidad mórbida: una neurosis; en tanto que el *cauchemar* puede ser un accidente aislado, el episodio de una indigestión, o el síntoma de una afección distante de los centros nerviosos. Vistos por defuera, ambos estados no difieren únicamente por el contraste que ofrece la impotencia física del sujeto en el uno, con la motilidad que le caracteriza en el otro y le ha dado su nombre: sino también por su terminación. Habitualmente, basta la misma angustia de la pesadilla para traer el brusco despertar; por el contrario, el acceso somnambúlico sigue su evolución tranquila –salvo accidente exterior– hasta refundirse en el sueño ordinario.

---

2. En mi obra reciente *Une Énigme littéraire,* he criticado la escena de los cueros de vino del *Quijote* (I, xxv), en la cual el célebre alienista Ball encontró ¡un modelo de observación!

Vueltos a la realidad uno y otro sujetos, el soñador conserva muy vivo el recuerdo de su sueño; el somnámbulo lo ha olvidado completamente. Y aquí vienen las observaciones personales que anuncié.

Mi amigo de Salta no era propiamente somnámbulo, aunque en dos o tres ocasiones le vi incorporarse dormido y comenzar a vestirse; pero sus sueños angustiosos eran casi cotidianos. Padecía una afección crónica del estómago, y, desde luego, cuando le ocurría cenar la pesadilla era infalible. Ésta llegaba con el primer sueño, revistiendo casi siempre una misma forma exterior, como que correspondía a un drama interno poco variable, que veinte veces me hice referir. Omitiendo detalles, era casi siempre una reyerta con hombres *emponchados,* peones o artesanos (mi amigo poseía un ingenio azucarero), que le injuriaban; el dormido se indignaba, profiriendo amenazas que me anunciaban la inevitable catástrofe; a poco, un breve quejido, acompañado de gemidos prolongados: había recibido una puñalada en el epigastrio y se sentía morir...

Mi pobre compañero me relataba la escena con una lucidez y un colorido conmovedores. Como tengo dicho, ésta no variaba sino por ciertos rasgos secundarios. A poco, llegué a saberla tan de coro como el cuento de *Barba Azul.* Lo que al principio me sorprendía, era la fantástica rapidez de las peripecias que, contadas, parecía que durasen horas, y en realidad se sucedían y agolpaban en pocos segundos. Ya familiarizado con el incidente, y casi siempre despierto en ese momento, lograba a menudo prevenir el ataque cambiando la postura del soñador. Otras veces, yo intervenía en la escena, fingiendo prestar ayuda al agredido, poniéndome a su lado, mostrándole a sus enemigos en fuga, o tendidos por el suelo a nuestra arremetida heroica. Esta sugestión solía ser eficaz, y como, a más de benéfica, era para mí divertida, di en usarla pródigamente, buscando efectos nuevos.

Cuando el paciente despertaba en el acto de mi intervención, me refería de mí mismo hazañas tales que yo quedaba pasmado: mis cuatro gritos reales eran un breve y burdo cañamazo que el ensueño convirtiera en fantástica epopeya. Empero, si ocurría que, dominada la crisis y facilitada la digestión, mi amigo entrara sin despertarse en el dormir normal, no conservaba por la mañana el menor recuerdo de su pesadilla frustrada. Esta doble observación, que he repetido muchas veces y que en otras circunstancias he confirmado, me permite establecer, contrariamente a lo que en varias partes he leído: 1.º, que la sugestión puede ser tan eficaz en el sueño normal (la pesadilla no es psicológicamente otra cosa) como en el somnambúlico; 2.º, que la amnesia consecutiva a la pesadilla ininterrumpida obedece probablemente a la misma causa que el olvido tan frecuente de los sueños ordinarios. Esta causa no es otra que la superposición de nuevas imágenes sobre las antiguas. Se ha dicho que la hora más propicia para los sueños es la que precede al despertar de la mañana, abriéndose entonces de par en par la puerta de marfil de la fantasía. Lo que sin duda ocurre es que los últimos sueños subsisten solos, porque cubren o borran a los anteriores; del propio modo que, de una tropa en marcha, sólo las últimas filas dejan en el camino huella perceptible.

Respecto de la completa independencia de algunos ensueños, de su nacimiento y desarrollo sin relación aparente con nuestra vida diaria, de su fantástica incoherencia, por fin, sería también el caso de formular distinciones. No me parece que los observadores profesionales hayan parado mientes en un hecho psicológico de primer orden; y es que, para la elaboración del ensueño, no son elementos o materiales precisos las cosas mismas, sino su representación actual, cuando presentes –o su evocación, cuando pasadas–. La imagen de Rosas, que una lectura me sugiriera ayer, y el paseo en bote por el río de las Conchas, que realizaba a la propia hora, eran para mí acontecimientos intelectuales del mismo orden y perfectamente contemporáneos, siendo así que se imprimían conjuntamente en la placa sensible del cerebro. Si la atención ha fijado en el mismo plano sus imágenes –al modo que el hiposulfito fija en la placa fotográfica a la imagen viva junto al cuadro antiguo de la pared– podrá el sueño asociarlas y combinarlas con aparente incoherencia, pero en realidad con innegable lógica.

Referiré en cuatro palabras el sueño pueril y trágicamente absurdo que tuve anteanoche, y que, como dije, fue el punto de partida de esta charla soñolienta. Me encontraba en el Cabildo de Buenos Aires, en presencia de Rosas que ordenaba mi prisión y ejecución inmediata: yo era Maza[3], sin dejar de ser Groussac. Lograba huir, y me hallaba de pronto en la azotea de San Francisco, rodeado de mi familia, que no era la real. Después de veinte escenas delirantes, se traía a la azotea un caballo, con el cual debía escaparme a las provincias del Norte, atravesando el Río de la Plata, etc. Ahora bien, todas estas insanias obedecían, según me lo mostrara la reflexión, a este hilo lógico: el mismo día, y casi a la misma hora, me acordé de nuestra estancia de Santiago, viendo pasar a un gaucho a

3. El teniente coronel Ramón Maza, autor y primera víctima de la conspiración de 1839.

caballo; luego tuve la idea de ir en bote hasta la isla que
por aquí poseen los franciscanos; por fin, durante el tra-
yecto, pensé largamente en un episodio del año 40, referido en un estudio sobre Rosas del marino francés Page,
y que se desarrolla precisamente en las márgenes del Paraná.

We are such stuff as dreams are made on... Repito las palabras profundas que Shakespeare pone en boca de Prós-
pero, en la más bella, en la más poética y mortalmente
triste de sus comedias. Somos hechos de la misma tela
que nuestros sueños: es decir que, recíprocamente, teje-
mos nuestros sueños con nuestra propia substancia. La
instintiva inquietud del poeta, pues, parece que penetra-
ba a mayor hondura que el saber de los sabios, el cual gira
hace siglos en torno de la sospechada verdad, sin atreverse a darle fórmula positiva. ¿No será porque, lejos de
arrojar al pozo del misterio la sonda experimental que
sólo enturbia sus ondas, el poeta, al inclinarse sobre la
tersa superficie, acierta a divisar el cielo reflejado que
contiene la gran explicación?...

El sueño absorbe una porción considerable de nuestra
vida, y, por otra parte, no parece dudoso que el soñar sea
una forma intermitente de locura, un delirio periódico
más o menos caracterizado. *Delirar,* según la raíz etimo-
lógica, significaría propiamente: «sembrar fuera del surco». Esta idea no implica que sea el surco mal trazado o la
semilla averiada, sino simplemente el hecho de la impro-
piedad, de la dirección errada. Tal es el delirio en su forma más común: una serie de actos o de palabras incohe-
rentes, desprovistos de consecuencia y apropiación; sin
que ello obste a que, aisladamente, cada acción pudiera
ser razonable y cada palabra correcta. ¿Acaso sería otra la
definición del ensueño?

Lo que se ha llamado «inestabilidad mental» no es un accidente, sino nuestro modo de ser fisiológico. Para quien estudia el cuerpo humano, parece un milagro de cada instante la persistencia de la salud: ¿qué diremos de nuestro aparato cerebral, que cada veinticuatro horas penetra en el cono de sombra de su razón eclipsada? ¿No es prodigioso que cada mañana, con la buena y santa luz del sol, emerja también la inteligencia intacta de sus tinieblas y fantasmas nocturnos?

Sin duda: el hogar, la familia, los rostros conocidos y amados, el trabajo, la sucesión regular de los actos habituales, han de ser otros tantos jalones y puntos de *repère* que mantienen en equilibrio la razón precaria. Ellos la guían por el laberinto de escollos donde pudiera zozobrar: a manera de la navegación antigua, que se movía prudentemente de cabo a cabo, buscando en la costa siempre visible su tímida orientación. Al fin, vino para el navegante la brújula tutelar, que le permitió surcar de noche como de día el *mare tenebrosum*. Efímeros exploradores de lo infinito: ¿dónde hallaremos la nuestra, si todo lo que antes llamábamos así se ha declarado vetusto y se arroja al desecho?

PAUL GROUSSAC, *El viaje intelectual* (1904).

La sonrisa de Alá

Vio Alá que Jesús recorría un valle y que se adormecía y soñaba y en el sueño veía blanquear una calavera. Dijo Alá: «Oh, Jesús, pregúntale y te responderá». Jesús hizo oración en voz alta y a su hálito taumatúrgico la calavera se puso a hablar. Dijo que su alma estaba en castigo por los tiempos de los tiempos porque había pertenecido a un pueblo que sufrió la ira de Alá; describió a Azrayel, el ángel de la muerte, y las visiones y castigos que presenció en cada una de las siete puertas del infierno. Tornó a orar Jesús, y la calavera recuperó cuerpo y vida para servir por doce años al Omnipresente y morir en la paz de Dios. Con lo que Jesús despertó y sonrió. Con lo que Alá sonrió.

Tradicional de Oriente Medio

El soñado

Carezco de realidad, temo no interesar a nadie. Soy un guiñapo, un dependiente, un fantasma. Vivo entre temores y deseos; temores y deseos que me dan vida y que me matan. Ya he dicho que soy un guiñapo.

Yazgo en la sombra, en largos e incomprensibles olvidos. De pronto me obligan a salir a la luz, una luz ciega que casi me asegura la realidad. Pero luego se ocupan otra vez de ellos y me olvidan. De nuevo me pierdo en la sombra, gesticulando con ademanes cada vez más imprecisos, reducido a la nada, a la esterilidad.

La noche es mi propio imperio. En vano trata de alejarme el esposo, crucificado en su pesadilla. A veces satisfago vagamente, con agitación y torpeza, el deseo de la mujer que se defiende soñando, encogida, y que al fin se entrega, larga y blanda como una almohada.

Vivo una vida precaria, dividida entre estos dos seres que se odian y se aman, que me hacen nacer como un hijo deforme. Sin embargo, soy hermoso y terrible. Destruyo la tranquilidad de la pareja o la enciendo con más cálido amor. A veces me coloco entre los dos y el íntimo abrazo

181

me recobra, maravilloso. Él advierte mi presencia y se esfuerza en aniquilarse, en suplirme. Pero al fin, derrotado, exhausto, vuelve la espalda a la mujer, devorado por el rencor. Yo permanezco junto a ella, palpitante, y la ciño con mis brazos ausentes que poco a poco se disuelven en el sueño.

Debí comenzar diciendo que todavía no he acabado de nacer, que soy gestado lentamente, con angustia, en un largo y sumergido proceso. Ellos maltratan con su amor, inconscientes, mi existencia de nonato.

Trabajan largamente mi vida entre sus pensamientos, manos torpes que se empeñan en modelarme, haciéndome y deshaciéndome, siempre insatisfechos.

Pero un día, cuando den por azar con mi forma definitiva, escaparé y podré soñarme yo mismo, vibrante de realidad. Se apartarán el uno del otro. Y yo abandonaré a la mujer y perseguiré al hombre. Y guardaré la puerta de la alcoba, blandiendo una espada flamígera.

JUAN JOSÉ ARREOLA, *Confabulario total* (1962).

El sueño de Chuang Tzu

Chuang Tzu soñó que era una mariposa y no sabía al despertar si era un hombre que había soñado ser una mariposa o una mariposa que ahora soñaba ser un hombre.

HERBERT ALLEN GILES, *Chuang Tzu* (1889).

El sueño de Sarmiento

En Nápoles, la noche que descendí del Vesubio, la fiebre de las emociones del día me daba pesadillas horribles, en lugar del sueño que mis agitados miembros reclamaban. Las llamaradas del volcán, la oscuridad del abismo que no debe ser oscuro, se mezclaban qué sé yo a qué absurdos de la imaginación aterrada, y al despertarme de aquellos sueños que querían despedazarme, una idea sola quedaba tenaz, persistente como un hecho real... ¡Mi madre ha muerto!... Por fortuna, téngola aquí a mi lado, y ella me instruye en cosas de otros tiempos, ignoradas por mí, olvidadas de todos. ¡A los setenta y seis años de edad, mi madre ha atravesado la cordillera de los Andes, para despedirse de su hijo antes de descender a la tumba! Esto sólo bastaría a dar una idea de la energía moral de su carácter.

D. F. SARMIENTO, *Recuerdos de provincia* (1851).

Los sueños de Luciano

En el siglo II, el sofista grecosiríaco Luciano de Samosata *(c.* 125-185) tuvo varios sueños. En uno narró sus días de infancia, transcurrida y recuperada en visiones. Ensayó ser escultor en el taller de un tío, pero en un sueño se le aparecieron dos mujeres, la Retórica y la Escultura, alabando sus méritos respectivos. Luciano sigue a la Retórica, gana riquezas y honores, y exhorta a los jóvenes a seguir su ejemplo y a ser constantes ante las primeras dificultades de la vida. En otro sueño, llamado *El gallo,* Micilo sueña felizmente con riquezas y se lamenta de la miserable vida del labrador; lo despierta el canto del gallo, que en su vida anterior había sido Pitágoras: el gallo demuestra al labrador que la riqueza es fuente de desgracias y preocupaciones, mas la pobreza otorga una vida más serena y feliz. En el tercer sueño, *Viaje a los infiernos o El tirano,* narra la llegada de los muertos a la Estigia: el filósofo Cinisco se mofa en tanto que el Tirano se desespera, trata de huir y recuperar su pasado poder y esplendor; interviene Micilo (ahora zapatero y no labrador), quien no teme el juicio final y lo aguarda con gozosa curiosidad. Él y Cinisco recibirán la bienaventuranza, en tanto que el Tirano enfrentará el castigo.

RODERICUS BARTIUS, *Los que son números y los que no lo son* (1964).

Sombras suele vestir

El sueño, autor de representaciones,
en su teatro sobre el viento armado
sombras suele vestir de bulto bello.

LUIS DE GÓNGORA

El sueño del rey

—Ahora está soñando. ¿Con quién sueña? ¿Lo sabes?
—Nadie lo sabe.
—Sueña contigo. Y si dejara de soñar, ¿qué sería de ti?
—No lo sé.
—Desaparecerías. Eres una figura de un sueño. Si se despertara ese rey te apagarías como una vela.

LEWIS CARROLL, *A través del espejo* (1871).

Dreamtigers

En la infancia yo ejercí con fervor la adoración del tigre: no el tigre overo de los camalotes del Paraná y de la confusión amazónica sino el tigre rayado, asiático, real, que sólo pueden afrontar los hombres de guerra, sobre un castillo encima de un elefante. Yo solía demorarme sin fin ante una de las jaulas en el Zoológico; yo apreciaba las vastas enciclopedias y los libros de historia natural por el esplendor de sus tigres. (Todavía me acuerdo de esas figuras: yo que no puedo recordar sin error la frente o la sonrisa de una mujer.) Pasó la infancia, caducaron los tigres y su pasión, pero todavía están en mis sueños. En esa napa sumergida o caótica siguen prevaleciendo y así: Dormido, me distrae un sueño cualquiera y de pronto sé que es un sueño. Suelo pensar entonces: Éste es un sueño, una pura diversión de mi voluntad, y ya que tengo un ilimitado poder, voy a causar un tigre.

¡Oh, incompetencia! Nunca mis sueños saben engendrar la apetecida fiera. Aparece el tigre, eso sí, pero disecado y endeble, o con impuras variaciones de forma, o de un tamaño inadmisible, o harto fugaz, o tirando a perro o a pájaro.

JORGE LUIS BORGES

El templo, la ciudad, los arquetipos, el sueño

Lugar sagrado por excelencia, el templo tenía un prototipo celeste. En el monte Sinaí, Jehová muestra a Moisés la «forma» del santuario que deberá construirle: «Y me harán un santuario y moraré en medio de ellos: conforme en todo al diseño del tabernáculo que te mostraré, y de todas las vasijas para su servicio [...] Mira y hazlo según el modelo que te ha sido mostrado en el monte» (Éxodo, 25, 8-9 y 40). Y cuando David entrega a su hijo Salomón el plano de los edificios del templo, del tabernáculo y de todos los utensilios, le asegura que «todas estas cosas me vinieron a mí escritas de la mano del Señor, para que entendiese todas las obras del diseño» (1 Crónicas, 28, 19.) Por consiguiente, vio el modelo celestial.

El más antiguo documento referente al arquetipo de un santuario es la inscripción de Gudea relacionada con el templo levantado por él en Lagash. El rey ve en sueño a la diosa Nidaba que le muestra un panel en el cual se mencionan las estrellas benéficas, y a un dios que le revela el plano del templo. También las ciudades tienen su prototipo divino. Todas las ciudades babilónicas tenían sus arquetipos en constelaciones: Sippar, en el Cáncer; Nínive, en la Osa Mayor; Assur, en Arturo, etc. Senaquerib manda edificar Nínive según el «proyecto establecido desde tiempos remotos en la configuración del cielo». No sólo hay un modelo que precede a la arquitectura terrestre, sino que además éste se halla en una «región» ideal (celeste) de la eternidad. Es lo que proclama Salomón: «Y dijiste que yo edificaría un templo en tu santo Nombre y un altar en la ciudad de tu morada, a semejanza de tu santo tabernáculo, que Tú preparaste desde el principio». (Sabiduría, 9, 8.)

Una Jerusalén celestial fue creada por Dios antes que la ciudad de Jerusalén fue construida por mano del hombre: a ella se refiere el profeta, en el libro de Baruch, II, 2, 2-7: «¿Crees tú que ésa es la ciudad de la cual yo dije: "Te he edificado en la palma de mis manos"? La construcción que actualmente se halla en medio de vosotros no es la que se reveló en Mí, la que estaba lista ya en el momento en que decidí crear el Paraíso y que mostré a Adán antes de su pecado...». La Jerusalén celeste enardeció la inspiración de todos los profetas hebreos: Tobías, 13, 16; Isaías, 59, 11 y ss.; Ezequiel, 60, etc. Para mostrarle la ciudad de Jerusalén, Dios transporta a Ezequiel en un sueño extático y lo lleva a una montaña muy elevada (60, 6 y ss.). Y los *Oráculos sibilinos* conservan el recuerdo de la Nueva Jerusalén, en el centro de la cual resplandece «un templo con una torre gigantesca que toca las nubes y todos la ven». Pero la más hermosa descripción de la Jerusalén celestial se halla en el Apocalipsis (21, 2 y ss.): «Y yo, Juan, vi la ciudad santa, la Jerusalén nueva, que de parte de Dios descendía del cielo, y estaba aderezada como una novia ataviada para su esposo».

MIRCEA ELIADE, *El mito del eterno retorno* (1951)

Proverbios y cantares

XXI

Ayer soñé que veía
a Dios y que a Dios hablaba;
y soñé que Dios me oía...
Después soñé que soñaba.

XLVI

Anoche soñé que oía
a Dios, gritándome: ¡Alerta!
Luego era Dios quien dormía
y yo gritaba: ¡Despierta!

ANTONIO MACHADO

Etcétera

El sueño es el grano de trigo que sueña con la espiga, el antropoide que sueña con el hombre, el hombre que sueña con lo que vendrá.

RAYMOND DE BECKER

La voz en el que sueña

Eunapio narró con mucha imaginación una presunta vida de Jámblico de Calcis (c. 250-c. 325). Sabemos que fue discípulo de Porfirio, quien lo distinguió; sabemos que fue maestro de neoplatonismo en Siria, donde estudiaron junto a él Teodoro de Asine, Dessipo, Sopatro, Eufrasio, Edesio, Eustacio. Su obra fundamental fue un vasto comentario sobre la doctrina pitagórica, diez libros de los que conservamos cinco. En su minuciosa *Biblioteca,* Focio informa de la extraña derivación que imprimió al neoplatonismo: munido de tradiciones caldeas, se inclinó hacia la salvación por los ritos, propugnó un misticismo mágico y se le enredó la salvación de las almas en una sospechosa subestimación de la sabiduría. Se propuso encabezar una fuerte reacción místico-mágica contra la difusión del cristianismo y se lo llamó el «Nuevo Asclepio». De sus sueños de redención nada quedó en pie; pero en *De mysteriis aegiptorum* (si es que en verdad le pertenece) observó que en el hombre se dan los sueños «divinos» en un estado medio entre el dormir y la vigilia, y que es por ello que es dado oír la voz del que sueña: esa voz que se torna misteriosa (que se distorsiona) como extrañas se tornan las imágenes percibidas.

RODERICUS BARTIUS, *Los que son números y los que no lo son* (1964).

El sueño de D'Alembert

Segunda de tres partes de un diálogo que Denis Diderot (1713-1784) dejó inédito y no se publicó hasta 1830. Las partes son: *Entretien entre D'Alembert et Diderot, Rêve de D'Alembert* y *Suite de l'entretien.* D'Alembert abre el diálogo con una profesión de deísmo y manifiesta su fe en un ser supremo; Diderot le responde que toda distinción tradicional entre los tres reinos de la naturaleza es arbitraria e insostenible: en la naturaleza, sólo podemos distinguir empíricamente entre una sensibilidad inerte y una activa: la sensibilidad es propia de la materia e inseparable de ella. No hay lugar para el libre albedrío. La única diferencia entre las ciencias «rigurosas» (la física, la matemática) y las «conjeturales» (la historia, la moral, la política) es que de las primeras podemos lograr seguridad normal para nuestras provisiones, y de las segundas seguridad relativa, pues si conociésemos todos los elementos y las fuerzas en juego, seríamos como la divinidad. D'Alembert alude al escepticismo como refugio; pero Diderot le demuestra que nadie puede, racionalmente, declararse escéptico. D'Alembert regresa a su casa y es presa de varias pesadillas: mademoiselle de l'Espinasse anota las palabras del soñador, que el doctor Bordeau (a quien ha mandado llamar) examina y se divierte adivinando la continuación del sueño (o de las palabras). D'Alembert despierta y mademoiselle de l'Espinasse y el doctor dialogan sobre el hombre, conjunto de microorganismos temporalmente asociados bajo dependencia del sistema nervioso central. Se hacen predicciones que la ciencia de nuestro tiempo corrobora. El doctor se lanza a una disquisición sobre eliminación de toda idea de libre albedrío, responsabilidad, mérito o demérito, virtud y vicio. Son simples estados fisiológicos particulares, y no se puede hablar de actos *contra natura* porque todo es naturaleza. En este punto, el doctor (que sostiene las ideas de Diderot) se desconcierta por las posibles consecuencias de su razonamiento y suspende el diálogo.

EUSTAQUIO WILDE, *Literatura francesa* (1884).

El sueño

Murray soñó un sueño.

La psicología vacila cuando intenta explicar las aventuras de nuestro yo inmaterial en sus andanzas por la región del sueño, «gemelo de la muerte». Este relato no quiere ser explicativo: se limitará a registrar el sueño de Murray.

Una de las fases más enigmáticas de esa vigilia del sueño es que acontecimientos que parecen abarcar meses o años ocurren en minutos o instantes.

Murray aguardaba en su celda de condenado a muerte. Un foco eléctrico en el cielo raso del corredor iluminaba su mesa. En una hoja de papel blanco una hormiga corría de un lado a otro y Murray le bloqueó el camino con un sobre. La electrocución tendría lugar a las nueve de la noche. Murray sonrió ante la agitación del más sabio de los insectos.

En el pabellón había siete condenados a muerte. Desde que estaba allí, tres habían sido conducidos: uno, enloquecido y peleando como un lobo en la trampa; otro, no menos loco, ofrendando al cielo una hipócrita devoción; el tercero, un cobarde, se desmayó y tuvieron que amarrarlo a una tabla. Se preguntó cómo responderían por él su corazón, sus piernas y su cara; porque ésta era su noche. Pensó que ya serían casi las nueve.

Del otro lado del corredor, en la celda de enfrente, estaba encerrado Carpani, el siciliano que había matado a su novia y a los dos agentes que fueron a arrestarlo. Muchas veces, de celda a celda, habían jugado a las damas, gritando cada uno la jugada a su contrincante invisible.

La gran voz retumbante, de indestructible calidad musical, llamó:

–Y, señor Murray, ¿cómo se siente? ¿Bien?

–Muy bien, Carpani –dijo Murray serenamente, dejando que la hormiga se posara en el sobre y depositándola con suavidad en el piso de piedra.

–Así me gusta, señor Murray. Hombres como nosotros tenemos que saber morir como hombres. La semana que viene es mi turno. Así me gusta. Recuerde, señor Murray, yo gané el último partido de damas. Quizá volvamos a jugar otra vez.

La estoica broma de Carpani, seguida por una carcajada ensordecedora, más bien alentó a Murray; es verdad que a Carpani le quedaba todavía una semana de vida.

Los encarcelados oyeron el ruido seco de los cerrojos al abrirse la puerta en el extremo del corredor. Tres hombres avanzaron hasta la celda de Murray y la abrieron. Dos eran guardias; el otro era Frank –no, eso era antes, ahora se llamaba el reverendo Francisco Winston–, amigo y vecino de sus años de miseria.

–Logré que me dejaran reemplazar al capellán de la cárcel –dijo, al estrechar la mano de Murray. En la mano izquierda tenía una pequeña biblia entreabierta.

Murray sonrió levemente y arregló unos libros y una lapicera en la mesa. Hubiera querido hablar, pero no sabía qué decir. Los presos llamaban a este pabellón de veintitrés metros de largo y nueve de ancho, Calle del Limbo. El guardián habitual de la Calle del Limbo, un hombre inmenso, rudo y bondadoso, sacó del bolsillo un porrón de whisky y se lo ofreció a Murray, diciendo:

–Es costumbre, usted sabe. Todos lo toman para darse ánimo. No hay peligro de que se envicien.

Murray bebió profundamente.

–Así me gusta –dijo el guardián–. Un buen calmante y todo saldrá bien.

Salieron al corredor y los condenados lo supieron. La Calle del Limbo es un mundo fuera del mundo y si le falta alguno de los sentidos, lo reemplaza con otro. Todos los condenados sabían que eran casi las nueve, y que Murray iría a la silla a las nueve. Hay también, en las muchas calles del Limbo, una jerarquía del crimen. El hombre que mata abiertamente, en la pasión de la pelea, menosprecia a la rata humana, a la araña y a la serpiente. Por eso, de los siete condenados, sólo tres gritaron sus adioses a Murray, cuando se alejó por el corredor, entre los centinelas: Carpani y Marvin, que al intentar una evasión había matado a un guardia, y Bassett, el ladrón que tuvo que matar porque un inspector, en un tren, no quiso levantar las manos. Los otros cuatro guardaban un humilde silencio.

Murray se maravillaba de su propia serenidad y casi indiferencia. En el cuarto de las ejecuciones había unos veinte hombres, empleados de la cárcel, periodistas y curiosos que...

Aquí, en medio de una frase, *el sueño* quedó interrumpido por la muerte de O. Henry. Sabemos, sin embargo, el final: Murray, acusado y convicto del asesinato de su querida, enfrenta su destino con inexplicable serenidad. Lo conducen a la silla eléctrica. Lo atan. De pronto, la cámara, los espectadores, los preparativos de la ejecución, le parecen irreales. Piensa que es víctima de un error espantoso. ¿Por qué lo han sujetado a esa silla? ¿Qué ha hecho? ¿Qué crimen ha cometido? Se despierta: a su lado están su mujer y su hijo. Comprende que el asesinato, el proceso, la sentencia de muerte, la silla eléctrica, son un sueño. Aún trémulo, besa en la frente a su mujer. En ese momento lo electrocutan.

La ejecución interrumpe el sueño de Murray.

O. HENRY

El sueño de Macario

Soñó San Macario que caminaba por el desierto cuando halló una calavera y la movió con el báculo. Ésta pareció quejarse y Macario le preguntó quién era. «Yo era uno de los sacerdotes idólatras que habitábamos este lugar; tú eres el abad Macario.» Agregó que cada vez que Macario oraba por los condenados, éstos experimentaban algún consuelo: todos estaban hundidos y enterrados en el fuego infernal tan hondo como va del cielo a la tierra y no podían verse; pero cuando algún piadoso se acordaba de ellos, lograban vislumbrarse vagamente; el horrendo espectáculo los hacía sentir menos solos.

Vidas de los Padres Eremitas del Oriente

Lo consciente y lo inconsciente

En su autobiografía, Jung narra un sueño impresionante. (Pero cuál no lo es.) Hallábase frente a una casa de oración, sentado en el suelo en la posición del loto, cuando advirtió a un yogui sumido en meditación profunda. Se acercó y vio que el rostro del yogui era el suyo. Presa de terror, se alejó, despertó y atinó a pensar: es él el que medita; ha soñado y soy yo su sueño. Cuando despierte, ya no existiré.

RODERICUS BARTIUS, *Los que son números y los que no lo son* (1964).

El sueño de Er

Ésta es la historia del valeroso Er, armenio de Panfilia. Muerto en guerra, su cadáver incontaminado fue recogido a los diez días. La pira estaba lista cuando en el día doce despertó y narró lo que había visto en el otro mundo.

Tras abandonar éste, su alma se encaminó con otras hasta un lugar donde había dos agujeros en la tierra frente a dos que estaban en el cielo. Dos jueces emitían los fallos; los justos se encaminaban hacia el cielo por la derecha y los injustos hacia la tierra por la izquierda. Cuando vieron llegar a Er, le dijeron que sería mensajero entre los hombres de cuanto allí ocurría y que prestase atención.

Por el otro agujero de la tierra salían almas sucias y polvorientas; por el otro del cielo, almas enteramente puras. Parecían llegar de un largo viaje. Se reunieron en la pradera y, como viejas conocidas, las de la tierra preguntaban por el cielo y las del cielo por la tierra. Unas lloraban sus padecimientos de un milenio; las otras alababan su bienaventuranza.

Cada alma sufría, por cada daño cometido, otro diez veces mayor, de cien años de duración (tiempo de la vida humana). Las almas piadosas recibían por cada buena acción un premio igualmente mayor.

Algún alma preguntó por la suerte de Ardieo, tirano de Panfilia mil años atrás. Otra respondió que no la habían visto.

Ardieo había asesinado a su padre anciano y a su hermano mayor: para los impíos hacia los dioses y los padres, el castigo era peor que los enunciados.

De pronto, Ardieo y otros grandes pecadores se asomaron por el agujero. La abertura se cerró y mugió y unos seres salvajes envueltos en fuego los precipitaron al abismo. A Ardieo lo ataron de pies y manos, lo desollaron y lo desgarraron contra unos espinos. Pero para los condenados, lo más atroz era el mugido.

Las almas descansaron siete días en la pradera; al octavo, marcharon. Tras cuatro días divisaron una columna de luz como un arco iris pero más brillante; en otra jornada llegaron hasta ella: ocupaba todo el cielo; y la tierra. Vieron las cadenas del cielo, la luz era el lazo que unía toda la esfera celeste. Allí estaba, alargado, el huso de la Necesidad que permite girar a todas las esferas; se percibían los ocho cielos concéntricos, cada uno de los cuales encaja en el otro: son como torteras cóncavas cuyos bordes, de distinto color y brillo, forman un mismo plano. Giran con distinta velocidad y en sentido inverso del huso, que atraviesa por el centro al octavo cielo. Presidía cada cielo una sirena que emitía un único sonido de tono invariable; las ocho voces formaban un conjunto armónico. Equidistantes y en sus tronos se hallaban las Parcas, hijas de la Necesidad: Láquesis, Cloto y Átropo. Acompañaban con su canto a las sirenas; Láquesis recordaba los tiempos pasados, Cloto refería los presentes y Átropo preveía los venideros.

Llegadas ante Láquesis, las almas fueron anoticiadas por un adivino que emprenderían una nueva etapa en un cuerpo portador de muerte. «Vosotras elegiréis vuestra suerte, a la que quedaréis irrevocablemente unidas; como la virtud no tiene dueño, cada una la poseerá según la honre. La divinidad es inocente.»

Cada una eligió un número de orden, menos Er, y de acuerdo a la precedencia eligieron un modelo de vida. Los había de tiranos, mendigos, desterrados, menesterosos; prestigiosos por belleza, vigor, tenacidad, progenie o prosapia; también, para hombres y mujeres, vidas sin relieve alguno. Riqueza y pobreza, salud y enfermedad se mezclaban. El peligro era grande; se requerían discreción y conocimiento para elegir bien.

Dijo el adivino:

–Aun para la última en escoger habrá dicha si es sensata; no se descuide la primera ni se desanime la última.

La primera se precipitó y optó por ser tirano: su destino incluía devorar a sus propios hijos. Cuando lo supo, culpó a su mala fortuna y a los dioses y maldijo de todo menos de sí misma; era un alma que provenía del cielo y que en su vida anterior había ejercido la virtud. Las que provenían de la tierra eran experimentadas en sufrimiento y elegían con más cuidado.

Por no ser engendrado por mujer, por animadversión al sexo femenino y porque recordaba su muerte, Orfeo optó por ser cisne. Támiras decidió reencarnar en ruiseñor; algunas aves, en seres humanos. El alma a la que correspondió el vigésimo turno quiso ser león: era Áyax; la siguiente optó por ser águila: como es sabido, Agamenón odiaba a la humanidad; Atalanta decidió ser atleta y alcanzar los honores; Epeo resolvió ser artesana. Entre las últimas estaba la de Tersites, revestido de la ridícula forma de un simio: decidió ser Ulises, cuya alma permanecía aislada y olvidada de todos. Por su parte, Ulises había optado por una existencia oscura y sedentaria.

Terminada la elección, cada alma recibió de Láquesis su genio tutelar; Cloto confirmó los destinos y Átropo los tornó irrevocables.

Junto con su genio tutelar, cada alma (que ya no podía retroceder) pasó ante el trono de la Necesidad y se dirigió a la llanura del Olvido, donde no había árboles ni nada de lo que la tierra produce y el calor era atroz. Al atardecer fueron hasta el río de la Despreocupación, cuyas aguas ningún recipiente logra contener; quienes bebieron de más, perdieron la memoria. Hacia la media noche todas dormían; la tierra rugió y se movió y las almas fueron lanzadas al espacio como estrellas, hacia sitios diferentes de los de su anterior nacimiento. A Er no se le permitió beber; reencarnó en su propio cuerpo, alzó los ojos al cielo, vio que era muy de mañana, y hallóse sobre la pira.

PLATÓN, *La República.*

La trama

Para nuestro fatigado y distraído meditar, lo que está a la vista de la alfombra (cuyo dibujo nunca se repite) probablemente sea el esquema de la existencia terrenal; el revés de la trama, el otro lado del mundo (supresión del tiempo y del espacio o afrentosa o gloriosa magnificación de ambos); y la trama, los sueños. Esto soñó en Teherán Moisés Neman, fabricante y vendedor de alfombras que tiene su negocio frente a la plaza Ferdousi.

GASTÓN PADILLA, *Memorias de un prescindible* (1974).

El despertar del rey

Agentes franceses en el Canadá, después de la derrota de sus armas, en 1753, divulgaron entre los indios la información de que el rey de Francia había quedado dormido durante los últimos años, pero que acababa de despertar y que sus primeras palabras fueron: «Hay que arrojar inmediatamente a los ingleses que se han metido en el país de mis hijos rojos». La noticia cundió por todo el continente y fue una de las causas de la famosa conspiración de Pontiac.

H. Desvignes Doolittle, *Rambling Thoughts on World History* (1903).

Ragnarök

En los sueños (escribe Coleridge) las imágenes figuran las impresiones que pensamos que causan; no sentimos horror porque nos oprime una esfinge, soñamos una esfinge para explicar el horror que sentimos. Si esto es así ¿cómo podría una mera crónica de sus formas transmitir el estupor, la exaltación, las alarmas, la amenaza y el júbilo que tejieron el sueño de esa noche? Ensayaré esa crónica, sin embargo; acaso el hecho de que una sola escena integró aquel sueño borre o mitigue la dificultad esencial.

El lugar era la Facultad de Filosofía y Letras; la hora, el atardecer. Todo (como suele ocurrir en los sueños) era un poco distinto; una ligera magnificación alteraba las cosas. Elegíamos autoridades; yo hablaba con Pedro Henríquez Ureña, que en la vigilia ha muerto hace muchos años. Bruscamente nos aturdió un clamor de manifestación o de murga. Alaridos humanos y animales llegaban desde el Bajo. Una voz gritó: ¡*Ahí vienen!* y después ¡*Los Dioses! ¡Los Dioses!* Cuatro o cinco sujetos salieron de la turba y ocuparon la tarima del Aula Magna. Todos aplaudimos, llorando; eran los Dioses que volvían al cabo de un destierro de siglos. Agrandados por la tarima, la cabeza echada hacia atrás y el pecho hacia adelante, recibieron con soberbia nuestro homenaje. Uno sostenía una rama, que se conformaba, sin duda, a la sencilla botánica de los sueños; otro, en amplio ademán, extendía una mano que era una garra; una de las caras de Jano miraba con recelo el encorvado pico de Thoth. Tal vez excitado por nuestros aplausos, uno, ya no sé cuál, prorrumpió en un cloqueo victorioso, increíblemente agrio, con algo de gárgara y silbido. Las cosas, desde aquel momento, cambiaron.

Todo empezó por la sospecha (tal vez exagerada) de que los Dioses no sabían hablar. Siglos de vida fugitiva y feral habían atrofiado en ellos lo humano; la luna del Islam y la cruz de Roma habían sido implacables con esos prófugos. Frentes muy bajas, dentaduras amarillas, bigotes ralos de mulato o de chino y belfos bestiales publicaban la degeneración de la estirpe olímpica. Sus prendas no correspondían a una pobreza decorosa y decente sino al lujo malevo de los garitos y de los lupanares del Bajo. En un ojal sangraba un clavel; en un saco ajustado se adivinaba el bulto de una daga. Bruscamente sentimos que jugaban su última carta, que eran taimados, ignorantes y crueles como viejos animales de presa y que, si nos dejábamos ganar por el miedo o la lástima, acabarían por destruirnos.

Sacamos los pesados revólveres (de pronto hubo revólveres en el sueño) y alegremente dimos muerte a los Dioses.

JORGE LUIS BORGES

Morir, dormir, tal vez soñar

Soñó que el pertinaz dolor en el bajo vientre que ocultó por no importunar a los demás o porque no lo atormentaran, dejaba de acosarlo. Sin resistencia, el dolor desapareció. Soñó que la cocinera Eustolia (oh, la había heredado de su madre, la vieja era maniática) se iba a vivir con una sobrina y que por fin le estaba permitido comer como Dios manda. La casa dejó de apestar a ajo. Soñó el reencuentro con Lavinia, su no olvidada Lavinia, oportunamente libre. El matrimonio se celebró en la intimidad. Soñó que congregaba una vasta antología sobre la inutilidad de la apología literaria. El elogio de los críticos fue unánime. Soñó el número que saldría premiado en la lotería de Navidad. Le costó encontrarlo, pero su fortuna quedó asegurada. Soñó los ganadores de todas las carreras de la próxima reunión en el hipódromo de Palermo. Pero él odiaba las carreras, un tío suyo se había suicidado, etc. Soñó que despertaba. Pero no despertó. Desde hacía algunos minutos estaba muerto.

ELISEO DÍAZ, *Notas sobre el azar* (1956).

Soñar

Del verbo latino *somnio, as*. Son ciertas fantasías que el sentido común rebuelve quando dormimos, de las cuales n(o) ay que hazer caso, y solos aquellos sueños tienen alguna apariencia de verdad, por los quales los médicos juzgan el humor que predomina en el enfermo, y no entran en esta cuenta las revelaciones santas y divinas, hechas por Dios a Joseph y a otros santos. «Soñava el ciego que veya, y soñaba lo que quería.» Tornósele el sueño del perro; soñava un perro que estava comiendo un pedaço de carne, y dava muchas dentelladas y algunos aullidos sordos de contento; el amo, viéndole desta manera, tomó un palo y diole muchos palos, hasta que despertó y se halló en blanco y apaleado.

Sebastián de Covarrubias Orozco, *Tesoro de la lengua castellana o española* (1611), 1943.

Los dos caballeros

En su lecho de muerte, Gottfried Keller confió a un amigo que varias noches antes había visto a dos caballeros, vestidos de pies a cabeza con armaduras forjadas en oro puro, que permanecían impasibles junto al pequeño armario que se hallaba entre las dos ventanas. El escritor volvía una y otra vez al asunto, sin acertar a describir el maravilloso resplandor que, según él, envolvía la escena.

IBRAHIM ZAID, *Marginalia* (1932).

214

In illo tempore

Llegué el 18 de marzo de 1949, para incorporarme como becario a El Colegio de México. Los compañeros que me habían ido a recibir, entre ellos Sonia Henríquez Ureña, me llevaron hasta una pensión de estudiantes y se despidieron. Ordené mis magras pertenencias (que incluían un diccionario de latín) y me dispuse a dormir. Tras un viaje de treinta y cuatro horas, estaba cansado.

Soñé que habían pasado los meses. En vísperas de mi regreso a Buenos Aires, Alfonso Reyes me invitaba un fin de semana a un hotel de Cuernavaca y, a manera de despedida, me leía su traducción de los primeros nueve cantos de la *Ilíada,* traducción que yo había visto avanzar, sábado a sábado, en las inolvidables y apartadas tardes de la «Capilla Alfonsina» de la entonces calle Industrias. ¡Alfonso Reyes, leyendo para mí, solo, a Homero, y la meseta de Anáhuac en torno! (¿No afirmó Pedro Sarmiento de Gamboa haber hallado en tierra mexicana huella de la planta de Ulises?) Le obsequié la edición de poesías completas de Lugones, que incluía sus versiones homéricas.

Por la mañana me desperté muy temprano. El Colegio quedaba a poco más de una cuadra, calle de Nápoles número 5. Llegué cuando las puertas estaban cerradas. Compré *Novedades* y me puse a leer. A poco lo vi a Raimundo Lida. Subimos hasta el segundo piso, al salón de filología. Una hora después me dijo Lida: «Don Alfonso lo espera». Bajé: «Roy, déme usted sus dos manos. Desde hoy, ésta es su casa. Siéntese». Y, sin más demora: «Hábleme de Pedro». Me puse a hablar. Desordenado. Los recuerdos me abrumaban. Reyes (oh, él había sido su amigo más íntimo, desde cerca y desde lejos, durante cuarenta años) no ocultó su emoción. El recuerdo de Pedro Henríquez Ureña, fijo como las estrellas, cálido como la amistad, nos unía.

Pasaron los meses.

Algunos días antes de mi regreso a Buenos Aires, Alfonso Reyes me invitó a un fin de semana en un hotel de Cuernavaca, junto con doña Manuela. Imaginé lo que iba a ocurrir: llevé el tomo de Lugones. Durante dos días (¡oh dioses, para mí solo!) don Alfonso me leyó su traducción rimada de los primeros nueve cantos de la *Ilíada*.

Entonces soñé que llegaba al aeropuerto de la capital azteca y que los compañeros que me habían ido a recibir me llevaban hasta una pensión de estudiantes y se despedían. Ordené mis magras pertenencias (la verdad, poco ocupé el diccionario de latín) y a la mañana siguiente, ya en el Colegio, Raimundo Lida me dijo: «Don Alfonso lo espera». Bajé: «Roy, déme usted sus dos manos. Desde hoy, ésta es su casa. Siéntese». Y, sin más demora: «Hábleme de Pedro». Comencé a hablar. El recuerdo de Henríquez Ureña nos unía.

ROY BARTHOLOMEW

Episodio del enemigo

Tantos años huyendo y esperando y ahora el enemigo estaba en mi casa. Desde la ventana lo vi subir penosamente por el áspero camino del cerro. Se ayudaba con un bastón, con el torpe bastón que en sus viejas manos no podía ser un arma sino un báculo. Me costó percibir lo que esperaba: el débil golpe contra la puerta. Miré, no sin nostalgia, mis manuscritos, el borrador a medio concluir y el tratado de Artemidoro sobre los sueños, libro un tanto anómalo ahí, ya que no sé griego. Otro día perdido, pensé. Tuve que forcejear con la llave. Temí que el hombre se desplomara, pero dio unos pasos inciertos, soltó el bastón, que no volví a ver, y cayó en mi cama, rendido. Mi ansiedad lo había imaginado muchas veces, pero sólo entonces noté que se parecía, de un modo casi fraternal, al último retrato de Lincoln. Serían las cuatro de la tarde.

Me incliné sobre él para que me oyera.

–Uno cree que los años pasan para uno –le dije– pero pasan también para los demás. Aquí nos encontramos al fin y lo que antes ocurrió no tiene sentido.

Mientras yo hablaba, se había desabrochado el sobre-
todo. La mano derecha estaba en el bolsillo del saco. Algo
me señalaba y yo sentí que era un revólver.

Me dijo entonces con voz firme:

–Para entrar en su casa, he recurrido a la compasión.
Lo tengo ahora a mi merced y no soy misericordioso.

Ensayé unas palabras. No soy un hombre fuerte y sólo
las palabras podían salvarme. Atiné a decir:

–Es la verdad que hace tiempo maltraté a un niño, pero
usted ya no es aquel niño ni yo aquel insensato. Además,
la venganza no es menos vanidosa y ridícula que el perdón.

–Precisamente porque ya no soy aquel niño –me replicó– tengo que matarlo. No se trata de una venganza sino
de un acto de justicia. Sus argumentos, Borges, son meras
estratagemas de su terror para que no lo mate. Usted ya
no puede hacer nada.

–Puedo hacer una cosa –le contesté.

–¿Cuál? –me preguntó.

–Despertarme.

Y así lo hice.

JORGE LUIS BORGES

¿Verdad o no?

Cuando era muchacho, Bertrand Russell soñó que entre los papeles que había dejado sobre su mesita del dormitorio del colegio, encontraba uno en el que se leía: «Lo que dice del otro lado no es cierto». Volvió la hoja y leyó: «Lo que dice del otro lado no es cierto». Apenas despertó, buscó en la mesita. El papel no estaba.

RODERICUS BARTIUS, *Los que son números y los que no lo son* (1964).

El sueño del petróleo

En el verano de 1950, que precedió al voto de la nacionalización del petróleo, mi médico me prescribió reposo prolongado. Un mes después, mientras dormía, vi en sueños un brillante personaje que me dijo: «No son momentos para descansar; levántate y ve a romper las cadenas del pueblo de Irán». Respondí al llamado, y, no obstante mi extrema fatiga reanudé mi trabajo en la comisión del petróleo. Cuando dos meses más tarde la comisión aceptó el principio de la nacionalización, convine en que el personaje de mi sueño me había inspirado con felicidad.

MOHAMMAD MOSSADEGH, *sesión del parlamento iranio, 13 de mayo de 1951.*

El reflejo

Todo en el mundo está dividido en dos partes, de las cuales una es visible y la otra invisible. Aquello visible no es sino el reflejo de lo invisible.

Zohar, I, 39.

Sueño de la Cruz

Referiré el mejor de los sueños, el que soñé en la medianoche, cuando habitaban el reposo los hombres capaces de palabra.

Creí ver un árbol prodigioso que ascendía en el aire entrelazado de luz, el más resplandeciente de los árboles.

Todo el prodigio estaba inundado de oro.

Había piedras preciosas a su pie; cinco había también en la cima, en la juntura de los brazos.

Los contemplaban los ángeles del Señor, todos predestinados a la hermosura.

Ciertamente no era la horca de un malhechor: lo adoraban espíritus celestiales, hombres sobre la tierra y toda la gloriosa Creación.

Prodigioso era el Árbol de la Victoria, y yo manchado de culpas, envilecido de impurezas, vi el Árbol de la Gloria cubierto de vestiduras, brillante de alegría, cercado de oro. Piedras preciosas dignamente cubrían el Árbol del Señor. A través de aquel oro pude entrever una antigua discordia de miserables; vi que por el costado derecho sudaba sangre.

Yo estaba todo atravesado de penas, aterrado por la hermosa visión.

Vi que esa viviente señal cambiaba de ropajes y de colores.

A veces el camino de la sangre lo mancillaba; a veces, lo decoraban tesoros.

Mientras tanto yo durante largo tiempo yacía contemplando afligido el Árbol del Redentor.

Éste se puso a hablar. El más precioso de los leños dijo con palabras:

«Esto ocurrió hace muchos años; todavía me acuerdo, me talaron en la linde de un bosque.

Me arrancaron de mis raíces.

Se apoderaron de mí fuertes enemigos.

Hicieron de mí un espectáculo.

Me ordenaron alzar a los condenados.

Los hombres me cargaron a cuestas y me fijaron en lo alto de una colina.

Ahí me sujetaron los enemigos.

Vi al Señor de los Hombres apresurarse con la voluntad de escalarme.

No me atreví a desacatar la orden de Dios. No me atreví a inclinarme o a romperme, cuando tembló la faz de la tierra.

Yo hubiera podido aplastar a todos los enemigos, pero me mantuve alta y firme.

Fuerte y resuelto el joven héroe, que era Dios todopoderoso, ascendió a lo alto de la horca, valeroso ante muchos, para salvar a la humanidad.

Me estremecí cuando el varón me abrazó.

No me atreví a inclinarme sobre la tierra; seguí firme.

Cruz fui erigida.

Elevé al poderoso Rey, al Señor de los Cielos.

No me atreví a inclinarme.

Con clavos oscuros me atravesaron; quedan aún las cicatrices de las heridas.

No me atreví a dañar a ninguno.

Todos hicieron burla de nosotros.

Me salpicó la sangre que brotó del costado del hombre, cuando éste dio el espíritu.

He padecido muchos males en la colina.

He visto al Señor de los Ejércitos estirado cruelmente. Tenebrosas nubes habían cubierto el cuerpo del Señor.

De aquel claror surgió una sombra, negra bajo las nubes.

La Creación entera lloró la muerte de su Rey.

Cristo estaba en la Cruz».

Poema anónimo anglosajón del siglo IX

Tamam Shod

Ayer llegamos de Teherán. Quinientos kilómetros de arenales, pueblos muertos, caravasares derruidos, formas caprichosas de la meseta irania. Estábamos cansados; estábamos excitados. Un baño y un buen té en el Shah Abbas, y salimos a caminar. Jardines, avenidas, cúpulas, minaretes. En Isfaján la noche es feérica, el cielo es perfecto.

Cuando regresamos al hotel, abrumados y felices, conversamos hasta que el sueño nos rindió.

Soñé que en el centro de la prodigiosa cúpula de la mezquita Lutfullah había oculto un rubí de virtudes mágicas. El discreto que se para justamente debajo, guarda silencio y contiene la respiración, recibe la visión de un tesoro escondido y el lugar donde se halla. Su existencia no puede ser difundida ni su posesión puede intentarse porque uno se convierte en madera y la madera en nube y la nube en piedra y la piedra se rompe en mil pedazos. El rubí otorga deleite o estupor pero no autoriza el enriquecimiento.

Esta mañana fuimos otra vez a la Meidan-e Shah. Visitamos el palacio Alí Qapú desde los corredores últimos hasta la sala de música. Me sorprendieron las escaleras de escalones demasiado altos e increíblemente angostos. Alguien explicó que era para impedir la irrupción de cabalgaduras enemigas.

Mientras Melania se demoraba en la terraza que da a la antigua cancha de polo (la plaza más hermosa del mundo), no pude más. Crucé hasta la Lutfullah, me situé bajo el centro mismo de la cúpula, guardé silencio, contuve la respiración. Una luz ocre se tamizaba de matiz en matiz. De pronto, ¡Dios mío! El tesoro era sorprendente, de innumerables riquezas; estaba cerca, fácil de obtener, entre las ruinas de una de las antiguas torres de gorriones o palomares o casas de placer de las afueras de la ciudad. La visión me fue concedida en un interminable segundo de vertiginoso esplendor.

Regresé al Alí Qapú. Recorrimos la Mezquita de los Viernes, cruzamos el viejo puente de treinta y tantos arcos...

¿Terminaré estos apuntes o me dispersaré en la piedra?

Roy Bartholomew

El ciervo escondido

Un leñador de Cheng se encontró en el campo con un ciervo asustado y lo mató. Para evitar que otros lo descubrieran, lo enterró en el bosque y lo tapó con hojas y ramas. Poco después olvidó el sitio donde lo había ocultado y creyó que todo había ocurrido en un sueño. Lo contó, como si fuera un sueño, a toda la gente. Entre los oyentes hubo uno que fue a buscar el ciervo escondido y lo encontró. Lo llevó a su casa y dijo a su mujer:

–Un leñador soñó que había matado un ciervo y olvidó dónde lo había escondido y ahora yo lo he encontrado. Ese hombre sí que es un soñador.

–Tú habrás soñado que viste un leñador que había matado un ciervo. ¿Realmente crees que hubo leñador? Pero como aquí está el ciervo, tu sueño debe ser verdadero –dijo la mujer.

–Aun suponiendo que encontré el ciervo por un sueño –contestó el marido–, ¿a qué preocuparse averiguando cuál de los dos soñó?

Aquella noche el leñador volvió a su casa pensando todavía en el ciervo, y realmente soñó, y en el sueño soñó el lugar donde había ocultado el ciervo y también soñó quién lo había encontrado. Al alba fue a casa del otro y encontró el ciervo. Ambos discutieron y fueron ante el juez, para que resolviera el asunto. El juez le dijo al leñador:

–Realmente mataste un ciervo y creíste que era un sueño. Después soñaste realmente y creíste que era verdad. El otro encontró el ciervo y ahora te lo disputa, pero su mujer piensa que soñó que había encontrado un ciervo que otro había matado. Luego, nadie mató al ciervo. Pero como aquí está el ciervo, lo mejor es que se lo repartan.

El caso llegó a oídos del rey de Cheng y el rey de Cheng dijo:

–Y ese juez, ¿no estará soñando que reparte un ciervo?

LIEHTSÉ (*c.* 300 a.C.)

El sueño de Pedro Henríquez Ureña

El sueño que Pedro Henríquez Ureña tuvo en el alba de uno de los días de 1946 curiosamente no constaba de imágenes sino de pausadas palabras. La voz que las decía no era la suya pero se parecía a la suya. El tono, pese a las posibilidades patéticas que el tema permitía, era impersonal y común. Durante el sueño, que fue breve, Pedro sabía que estaba durmiendo en su cuarto y que su mujer estaba a su lado. En la oscuridad del sueño, la voz le dijo:

«Hará unas cuantas noches, en una esquina de la calle Córdoba, discutiste con Borges la invocación del anónimo sevillano *Oh Muerte, ven callada / como sueles venir en la saeta.* Sospecharon que era el eco deliberado de algún texto latino, ya que esas traslaciones correspondían a los hábitos de la época, del todo ajena a nuestro concepto del plagio, sin duda menos literario que comercial. Lo que no sospecharon, lo que no podían sospechar, es que el diálogo era profético. Dentro de unas horas, te apresurarás por el último andén de Constitución, para tu clase en la Universidad de La Plata. Alcanzarás el tren, pondrás la cartera en la red y te acomodarás en tu asiento, junto a la ventanilla. Alguien, cuyo nombre no sé pero cuya cara estoy viendo, te dirigirá unas palabras. No le contestarás, porque estarás muerto. Ya te habrás despedido para siempre de tu mujer y de tus hijas. No recordarás este sueño porque tu olvido es necesario para que se cumplan los hechos».

JORGE LUIS BORGES

Historia de los dos que soñaron

El historiador arábigo El Ixaquí refiere este suceso:

«Cuentan los hombres dignos de fe (pero sólo Alá es omnisciente y poderoso y misericordioso y no duerme), que hubo en El Cairo un hombre poseedor de riquezas, pero tan magnánimo y liberal que todas las perdió menos la casa de su padre, y que se vio forzado a trabajar para ganarse el pan. Trabajó tanto que el sueño lo rindió una noche debajo de una higuera de su jardín y vio en el sueño un hombre empapado que se sacó de la boca una moneda de oro y le dijo: "Tu fortuna está en Persia, en Isfaján; vete a buscarla". A la madrugada siguiente se despertó y emprendió el largo viaje y afrontó los peligros de los desiertos, de las naves, de los piratas, de los idólatras, de los ríos, de las fieras y de los hombres. Llegó al fin a Isfaján, pero en el recinto de esa ciudad lo sorprendió la noche y se tendió a dormir en el patio de una mezquita. Había, junto a la mezquita, una casa y por el decreto de Dios Todopoderoso, una pandilla de ladrones atravesó la mezquita y se metió en la casa, y las personas que dormían se despertaron con el estruendo de los ladrones y pidieron socorro. Los vecinos también gritaron, hasta que el capitán de los serenos de aquel distrito acudió con sus hombres y los bandoleros huyeron por la azotea. El capitán hizo registrar la mezquita y en ella dieron con el hombre de El Cairo y le menudearon tales azotes con varas de bambú que estuvo cerca de la muerte. A los dos días recobró el sentido en la cárcel. El capitán lo mandó buscar y le dijo: "¿Quién eres y cuál es tu patria?". El otro declaró: "Soy de la ciudad famosa de El Cairo y mi nombre es Mohamed El Magrebí". El capitán le preguntó: "¿Qué te trajo a Persia?". El otro optó por la verdad y dijo: "Un hombre me ordenó en un sueño que viniera a Isfaján porque ahí estaba mi fortuna. Ya estoy en Isfaján y veo que esa fortuna que prometió deben ser los azotes que tan generosamente me diste".

»Ante semejantes palabras, el capitán se rió hasta descubrir las muelas del juicio y acabó por decirle: "Hombre desatinado y crédulo, tres veces he soñado con una casa en la ciudad de El Cairo en cuyo fondo hay un jardín, y en el jardín un reloj de sol y después del reloj de sol una higuera y luego de la higuera una fuente, y bajo la fuente un tesoro. No he dado el menor crédito a esa mentira. Tú, sin embargo, engendro de una mula con un demonio, has ido errando de ciudad en ciudad, bajo la sola fe de tu sueño. Que no te vuelva a ver en Isfaján. Toma estas monedas y vete".

»El hombre las tomó y regresó a la patria. Debajo de la fuente de su jardín (que era la del sueño del capitán) desenterró el tesoro. Así Dios le dio bendición y lo recompensó y exaltó. Dios es el Generoso, el Oculto».

Del *Libro de las mil y una noches,* noche 351.

A Julio Floro

Del amor a la gloria vana, ¿está libre tu pecho? ¿Lo está de ira y del temor a la muerte? Los sueños, los terrores mágicos, las hechiceras, los nocturnos lémures, los sortilegios de Tesalia: ¿te ríes de ellos?

HORACIO, *Epístolas,* II, 2.

La rosa del mundo

¿Quién soñó que la belleza pasa como un sueño?
Por estos labios rojos, con todo su orgullo luctuoso,
luctuoso de que ninguna nueva maravilla puedan predecir,
Troya se desvaneció como un alto destello fúnebre...

WILLIAM BUTLER YEATS

Teología

Como ustedes no lo ignoran, he viajado mucho. Esto me ha permitido corroborar la afirmación de que siempre el viaje es más o menos ilusorio, de que nada nuevo hay bajo el sol, de que todo es uno y lo mismo, etcétera, pero también, paradójicamente, de que es infundada cualquier desesperanza de encontrar sorpresas y cosas nuevas: en verdad el mundo es inagotable. Como prueba de lo que digo bastará recordar la peregrina creencia que hallé en el Asia Menor, entre un pueblo de pastores, que se cubren con pieles de ovejas y que son los herederos del antiguo reino de los Magos. Esta gente cree en el sueño. «En el instante de dormirte —me explicaron—, según hayan sido tus actos durante el día, te vas al cielo o al infierno.» Si alguien argumentara: «Nunca he visto partir a un hombre dormido; de acuerdo con mi experiencia, quedan echados hasta que uno los despierta», contestarían: «El afán de no creer en nada te lleva a olvidar tus propias noches (¿quién no ha conocido sueños agradables y sueños espantosos?) y a confundir el sueño con la muerte. Cada uno es testigo

de que hay otra vida para el soñador; para los muertos
es diferente el testimonio: ahí quedan, convirtiéndose
en polvo».

H. GARRO, *Tout lou Mond* (1918).

Interpretación de los sueños

–**P**uesto que no nos ponemos de acuerdo sobre los métodos virgilianos, utilicemos como medio de adivinación uno bueno, antiguo y auténtico –dijo Pantagruel–. Me refiero a la interpretación de los sueños, siempre que se sueñe según las condiciones que establecen Hipócrates, Platón, Plotino, Yámblico, Sinesio, Aristóteles, Jenofonte, Galeno, Plutarco, Artemidoro, Daldiano, Herifilo, Quinto Calaber, Teócrito, Plinio, Ateneo y otros, quienes sostienen que el alma es capaz de prever sucesos futuros. Cuando el cuerpo reposa en plena digestión y nada necesita hasta el momento de despertarse, nuestra alma se eleva a su verdadera patria, que es el cielo. Allí recibe la participación de su primitivo origen divino y en la contemplación de aquella infinita e intelectual esfera (cuyo centro se halla en algún lugar del universo, punto central que reside en Dios según la doctrina de Hermes Trismegisto, y a la cual nada altera y en la cual nada ocurre, pues todos los tiempos se desarrollan en presente) capta no sólo los sucesos de las capas inferiores sino los futuros, transmitiéndolos a su cuerpo por sus órganos sensibles.

Jorge Luis Borges

Dada la fragilidad e imperfección del cuerpo que los ha captado, no puede transmitirlos fielmente. Queda a los intérpretes y vaticinadores de sueños, los griegos, el profundizar en tan importante materia. Heráclito decía que la interpretación de los sueños no ha de quedar oculta, pues nos da el significado y normas generales de las cosas del porvenir, para nuestra suerte o desgracia. Anfiarao tiene establecido que no hay que beber durante tres días ni comer durante uno antes de los sueños. Estómago repleto, mala espiritualidad.

»Todo sueño que termina en sobresalto significa algo malo y es de mal presagio. Algo malo, es decir, alguna enfermedad latente. Mal presagio, para el alma: alguna desgracia se avecina. Recordad los sueños y el despertar de Hécuba y de Eurídice. Eneas soñó que hablaba con Héctor difunto; despertó sobresaltado y aquella noche Troya ardió y fue saqueada.

FRANÇOIS RABELAIS, *Pantagruel*, II (1564).

Sueño

Latine *somnus somni, sopor quies quae ab humoribus a corde ad cerebrum sublatis concitatur, qui ubi fuerint refrigerati recidentes ad cor calorem eius refrigerant.* En griego se llama (...) υπνος, y de aquí le sacan su etimología, aunque con alguna dificultad, mudando letras. La vanidad antigua fingió aver un dios dicho Sueño, el qual tenía su assiento y morada cerca de los cimmerios; descrívele muy bien Ovidio, lib. II, *Methamorphoseon:*

> *Est prope Cimmerios longo spelunca recessu*
> *Mons Cavus ignavi domos et penetralia somni,*
> *Quo nunquam radiis oriens, mediusve caedensve,*
> *Phoebus adire potest,* etc.

El sueño y la soltura, este modo de hablar tuvo origen de la Escritura Santa, *Danielis,* cap. 2, quando Nabucodonosor despertó despavorido de un sueño, cuyas fantasmas se le avían ya deshecho, y pedía a los magos de su corte le declarassen qué sueño avía sido aquél y la significación dél; y nunca pudieron satisfacerle, respondiendo:

Non est homo super terram, qui sermonen tum, rex, possit implere. El profeta Daniel, teniendo noticia de cómo el rey mandava matar a sus sabios, alcançó de Dios en sueños lo que Nabucodonosor desseava saber; y assí le dixo primero el sueño, y con él la soltura, conviene a saber su interpretación, de donde tuvo origen el proverbio tan común: Ni por sueños, término de negar una cosa y enagenarla de su pensamiento. Soñolento, el que anda dormitando.

SEBASTIÁN DE COVARRUBIAS OROZCO,
Tesoro de la lengua castellana o española (1611), 1943.

La vuelta del maestro

Desde sus primeros años, Migyur –tal era su nombre– había sentido *que no estaba donde tenía que estar.* Se sentía forastero en su familia, forastero en su pueblo. Al soñar, veía paisajes que no son de Ngari: soledades de arena, tiendas circulares de fieltro, un monasterio en la montaña; en la vigilia, estas mismas imágenes velaban o empañaban la realidad.

A los diecinueve años huyó, ávido de encontrar la realidad que correspondía a esas formas. Fue vagabundo, pordiosero, trabajador, a veces ladrón. Hoy llegó a esta posada, cerca de la frontera.

Vio la casa, la fatigada caravana mogólica, los camellos en el patio. Atravesó el portón y se encontró ante el anciano monje que comandaba la caravana. Entonces se reconocieron: el joven vagabundo se vio a sí mismo como un anciano lama y vio al monje como era hace muchos años, cuando fue su discípulo; el monje reconoció en el muchacho a su viejo maestro, ya desaparecido. Recordaron la peregrinación que había hecho a los santuarios del Tibet, el regreso al monasterio de la montaña. Hablaron, evocaron el pasado; se interrumpían para intercalar detalles precisos.

El propósito del viaje de los mogoles era buscar un nuevo jefe para su convento. Hacía veinte años que había muerto el antiguo y que en vano esperaban su reencarnación. Hoy lo habían encontrado.

Al amanecer, la caravana emprendió su lento regreso. Migyur regresaba a las soledades de arena, a las tiendas circulares y al monasterio de su encarnación anterior.

ALEXANDRA DAVID-NEEL, *Mystiques et Magiciens du Tibet* (1929).

La sentencia

Aquella noche, en la hora de la rata, el emperador soñó que había salido de su palacio y que en la oscuridad caminaba por el jardín, bajo los árboles en flor. Algo se arrodilló a sus pies y le pidió amparo. El emperador accedió; el suplicante dijo que era un dragón y que los astros le habían revelado que al día siguiente, antes de la caída de la noche, Wei Cheng, ministro del emperador, le cortaría la cabeza. En el sueño, el emperador juró protegerlo.

Al despertarse, el emperador preguntó por Wei Cheng. Le dijeron que no estaba en el palacio; el emperador lo mandó buscar y lo tuvo atareado el día entero, para que no matara al dragón, y hacia el atardecer le propuso que jugaran al ajedrez. La partida era larga, el ministro estaba cansado y se quedó dormido.

Un estruendo conmovió la tierra. Poco después irrumpieron dos capitanes que traían una inmensa cabeza de dragón empapada en sangre. La arrojaron a los pies del emperador y gritaron:

–Cayó del cielo.

Wei Cheng, que había despertado, lo miró con perplejidad y observó:

–Qué raro, yo soñé que mataba a un dragón así.

WU CH'ENG-EN *(c.* 1 505-*c.* 1580)

12 de mayo de 1958

Una sonrisa suave embellecía su rostro de señora de cincuenta y dos años. Se cumplían doce de la muerte de Pedro Henríquez Ureña. Lo recordamos y ella repitió lo que me había dicho en 1946: por mi juventud, la pérdida era irreparable, pero nada borraría en mí el recuerdo de mi gran maestro. Vagué por el dormitorio. Los ojos de mi madre no se separaban de mí. Condenada por una cruel dolencia cardíaca, nunca manifestó fatiga ni queja alguna y fue fuente de vida y solidaridad para los demás. Cuando decidí retirarme, retuvo mis manos en las suyas y me dijo: *No permitas que te destruyan.* Me dormí pensando en esas palabras. Durante la noche soñé que cumplía diversas diligencias en la ciudad y en La Plata y que las mismas me angustiaban aunque no presentaban modalidades que lo justificaran. A la mañana me avisaron que mi madre había muerto. Corrí al departamento de Viamonte casi Maipú. Ya se estaban cumpliendo los primeros movimientos propios de tan triste circunstancia. En la primera pausa del dolor, abrí, seguro, el cajón de su mesita. Ahí estaba la carta, escrita en la víspera con su serena letra inglesa. Me rogaba que cumpliese diversas diligencias en Buenos Aires y en La Plata: eran las que había soñado.

ROY BARTHOLOMEW

La explicación

Un hombre, en la vigilia, piensa bien de otro y confía en él plenamente, pero lo inquietan sueños en que ese amigo obra como enemigo mortal. Se revela, al fin, que el carácter soñado era el verdadero. La explicación sería la percepción instintiva de la realidad.

NATHANIEL HAWTHORNE, *Note-books* (1868).

Índice

Jorge Luis
Borges
El libro de arena

BA 003

«He querido ser fiel, en estos ejercicios de ciego
—dijo en una ocasión Jorge Luis Borges
refiriéndose a los relatos incluidos en EL LIBRO
DE ARENA—, al ejemplo de Wells: la
conjunción del estilo llano, a veces casi oral, y
de un argumento imposible.» El propio autor
reconoce la singularidad de uno de estos
relatos: «Si de todos mis textos tuviera que
rescatar uno solo, rescataría, creo, "El
Congreso", que es a la vez el más
autobiográfico (el que prodiga más los
recuerdos) y el más fantástico».

Jorge Luis
Borges

CON Margarita
Guerrero

El libro de los seres imaginarios

BA 022

Producto de la vasta cultura y la asombrosa
erudición de Jorge Luis Borges, este libro atractivo y
peculiar es una especie de bestiario moderno en el
que se recoge gran parte de «los extraños seres que
ha engendrado, a lo largo del tiempo y del espacio,
la fantasía de los hombres». Por las páginas de
EL LIBRO DE LOS SERES IMAGINARIOS desfilan
–provenientes de muy diversas fuentes, cuyo lenguaje
transmuta y enriquece el inimitable estilo del maestro
argentino– desde las criaturas alumbradas por las
numerosas mitologías y doctrinas que han dado
forma, durante siglos, a los sueños, deseos y miedos
de los hombres (el basilisco, el centauro, el Uroboros,
las valquirias...), hasta las engendradas por autores
como Lewis Carroll, Kafka, Wells o Flaubert.